HSU 「幸福論」シリーズ①

ソクラテスの幸福論

Happiness Theory by Socrates

大川隆法

Ryuho Okawa

まえがき

幸福の科学大学の設立を構想するにあたって、産みの親である宗教法人で、研究すべき対象となるべき歴史上の人物に関して、事前に、宗教的アプローチによって幸福論のアウトラインを調査しておいた。内部的には公開し、出版もしていたが、文部科学省の公務員や、大学審議会のメンバーには簡単に入手できないため、「幸福論」の概要を知りたいという要請がなされた。

本来極めて重要な文献であって、対外的に一般公開すべき筋合いのものではないが、今回、ソクラテス、キリスト、ヒルティ、アラン、北条政子、孔子、ムハンマド、パウロの幸福論の八巻に分けて、一般書として公開する次第である。

これらは宗教側からのアプローチであるので、各種「幸福論」研究の手がかりとして大学側に提示し、更なる具体的な研究の出発点にするための本である。しかし、分かりやすい幸福論研究の実例としては、参考にするには十分であろう。

二〇一四年　八月十日

幸福《こうふく》の科学《かがく》グループ創始者兼総裁《そうししゃけんそうさい》
幸福《こうふく》の科学大学創立者《かがくだいがくそうりつしゃ》　大川隆法《おおかわりゅうほう》

ソクラテスの幸福論　目次

ソクラテスの幸福論

2

ソクラテスは「幸福論」を語れるか　42

3

「よく生きること」の意味　63

「霊言現象《れいげんげんしょう》」とは、あの世の霊存在の言葉を語り下ろす現象のことをいう。これは高度な悟《さと》りを開いた者に特有のものであり、「霊媒現象《れいばいげんしょう》」(トランス状態になって意識を失い、霊が一方的にしゃべる現象)とは異なる。外国人霊の霊言の場合には、霊言現象を行う者の言語中枢《ちゅうすう》から、必要な言葉を選び出し、日本語で語ることも可能である。

なお、「霊言」は、あくまでも霊人の意見であり、幸福の科学グループとしての見解と矛盾《むじゅん》する内容を含《ふく》む場合がある点、付記しておきたい。

ソクラテスの幸福論

二〇一二年二月十六日　ソクラテスの霊示《れいじ》
東京都・幸福の科学総合本部にて

ソクラテス（紀元前四七〇ごろ～同三九九）

古代ギリシャの哲学者《てつがくしゃ》。「哲学の祖」とも言われる。アテネにて、客観的真理の実在と知徳合一《ちとくごういつ》を説き、人々に問答法《もんどうほう》によって「知」の本質を教えたが（『黄金の法』〔幸福の科学出版刊〕参照）、青年に害悪を及《およ》ぼしたなどとして死刑判《しけいはん》決を受け、毒ニンジンを飲んで刑死した。弟子《でし》にプラトンやクセノフォンがいる。八次元如来界《にょらいかい》の上段階（太陽界）の存在であり、その後、中国唐《とう》代の密教《みっきょう》僧《そう》・恵果《けいか》（七四六～八〇五）や、ノーベル賞受賞の経済学者・ハイエク（一八九九～一九九二）として生まれ変わっている。

〔質問者三名は、それぞれA・B・Cと表記〕

1
哲学《てつがく》者ソクラテスに「幸福論」を問う

今後いろいろな「聖賢《せいけん》の幸福論」を収録し、探究していきたい

大川隆法　幸福の科学大学の創設があと四年ほどに迫《せま》ってきているので（説法《せっぽう》当時。その後《ご》、開学予定は二〇一六年から二〇一五年に早まった）、〝取り立て〟がかなりあるようです。

幸福の科学大学の文系学部の一つは「人間幸福学部」で、これが看板になるはずなのですが、そう名付ける以上は、「人間幸福学」のようなものが何かなければなりません。

理論としてつくってもよろしいのですが、開学まで時間がまだ少しあるので、

当会の特徴《とくちょう》である霊言《れいげん》現象によって、いろいろな聖賢《せいけん》から話を伺《うかが》い、ある程度、「これは」と思われる方の幸福論を折々《おりおり》にためていけば、学問的な下支えになるというか、「どういうものを研究したらよいのか」というようなことが見えてくるのではないかと思います。

そこで、今日は、「諸学の基礎《きそ》」とも言われる哲学《てつがく》に焦点《しょうてん》を定めて、有名な、ギリシャのソクラテスさんをお呼びしたいと思います。

「ソクラテスの本懐《ほんかい》」かどうか知りませんので、ソクラテスに幸福論を説く気があるかどうか、定《さだ》かではありません。こちらからの勝手な依頼《いらい》なので、あるいは幸福論ではないことを言いたいのかもしれませんが、あえて誘導《ゆうどう》し、幸福論になるようなものを引き出せたら、いちおう成功ではないかと考えています。

哲学《てつがく》には「知識を愛する」という考え方が強い

大川隆法　なぜソクラテスが「哲学《てつがく》の祖」と言われるのか、よくは分かりません。宗教家のように見える面もかなりあるので、宗教でもよいのですが、「宗教と哲学が、このあたりから、はっきり分かれた」と言えるのではないかと思います。

ソクラテス自身に著書はないのですが、弟子《でし》のプラトンは、ソクラテスを登場人物にして膨大《ぼうだい》な数の著作を書いていますし、プラトン以外にも、クセノフォンその他、ソクラテスについて書いている人がいます。また、当時のギリシャの喜《き》劇《げき》には、ソクラテスが劇中人物として登場するものもあります。

ソクラテスに宗教家とは違《ちが》う面が出たとしたら、それは、おそらく、「彼は、批評家、批判家として、その時代の諸問題について考え、ぶつかっていこうとした人であった」ということではないでしょうか。そういう感じがします。

それと、「知識を愛する」という考え方が非常に強く出ていたことです。当時のギリシャには、「ソフィスト」と言われていた、「知を愛する人」「愛知《あいち》者《しゃ》」が多くいて、愛知県の人は喜ぶかもしれませんが（笑）、ソクラテスは代表的な愛知者でした。

そのように、「知識を愛する」ということが強く出ている意味で、宗教とは分かれるのかなと感じています。

幸福の科学には、わりに知識を愛するところもあり、そういう意味では、当会も、「宗教かもしれないし、哲学かもしれない」という面も持っていると思います。

「神霊《しんれい》（ダイモン）」の声が聞こえていたソクラテス

大川隆法　なぜ、宗教と哲学とが同じかどうかを議論しているかというと、ソクラテスには、わりに幼少時から、今から見れば守護霊《しゅごれい》と思われるものの声が聞こえていたからです。彼には霊の声が聞こえていました。

それは「神霊《しんれい》」と言うべきだと思うのですが、「ダイモン」と言われる場合もあります。

実は、これが、将来、彼にとって命取りになる面があるわけです。

「神霊」とも訳されていますが、「ダイモン」は、英語に変化していくと、「デーモン」になり、「悪魔《あくま》」という意味に転化しかねないところがあるのです。

この「ダイモン」という神霊は、「これをしろ」「あれをしろ」というようなことは言わないのですが、ソクラテスが間違ったことをしようとした場合には、「してはいけない」ということを、はっきり言うタイプの守護《しゅご》霊、あるいは守護神《しん》であったらしいことが分かっています。

ソクラテスには、いちおう、神への信仰《しんこう》がなかったわけではありません。後《のち》に「ソクラテス裁判」でもそれが問われていますが、彼は、いちおう、アポロン神などへの信仰があるようなことを言ってはいます。建前《たてまえ》かもしれませんし、詭弁《きべん》のようにも聞こえますが、アポロン神殿《しんでん》の神などを信じているようなことは言っています。

「デルフォイの神託《しんたく》」はアポロン神から下りたものなのです。

ソクラテスは「石工《せっく》の父」と「産婆《さんば》の母」の下《もと》に生まれた

大川隆法　ソクラテスは、今からもう二千五百年近くも昔の人です。

そのころ、ちょうど、ギリシャの諸国家が集まってペルシャの大軍と戦った、「サラミスの海戦」(紀元前四八〇年)という大きな海戦がありました。

この海戦は、日露《にちろ》戦争で日本の連合艦隊《かんたい》とロシアのバルチック艦隊が戦った日本海海戦にたとえられることもあります。

これは歴史を決した戦いの一つであり、これでギリシャが敗れていれば、ギリシャおよびヨーロッパがペルシャの支配下に入ったのは、確実であった戦いです。

この「サラミスの海戦」で、ギリシャは、都市を護《まも》ることを捨ててでも、海戦で勝つことに勝負をかけ、「海戦でペルシャ軍を撃滅《げきめつ》する」という作戦に出ました。自分たちの都市のほうでは、たくさん火の手が上がっていたのですが、とにかく「敵艦隊撃滅」を目指し、海戦でペルシャ軍を撃滅して勝ちました。それで、結局、防衛できたのですが、内部の荒廃《こうはい》は、けっこう激しかったのです。

このサラミスの海戦でペルシャを破った十年後に、ソクラテスが生まれたと史書には書いてあるので、ソクラテスは、だいたい「紀元前四七〇年ごろ」の生まれと思われます。「紀元前四六九年」と書いてあるものもありますし、「紀元前四六八年」と書いてあるものもありますが、「サラミスの海戦から十年」ということであれば、「四七〇年ごろ」と見てよいと思われます。

ソクラテスが亡《な》くなったのは「紀元前三九九年」で、だいたい七十歳《さい》ぐらいかと思われます。

ソクラテスの父親は、石工《せっく》といって、石を切り出して削《けず》ったりする人です。古代ギリシャに関するものには、こういう職業がよく出てくるのですが、古代ギリシャでは、神殿をつくったりしているので、大理石などを切り出したり加工したりするニーズがあったものと思われます。

石工は、いわば石の〝大工《だいく》〟ですが、身分としては別に労働階級というわけではなく、当時の石工は中流階級ぐらいの位置づけになります。

それから、母親は産婆《さんば》だったと言われています。ソクラテスの哲学は「産婆術」と言われていますが、母親が産婆だったことと関係があるかもしれません。お母さんは産婆ですけれども、けっこう上流のほうの方で、貴族の血を引いていると言われているので、ソクラテス自身は、それほど身分が低かったわけではありません。

ソクラテスは、晩年、政治絡《がら》みの裁判で有罪になり、死刑《しけい》になるわけですが、彼自身も実際には政治に携《たずさ》わったこともあり、政府の審議会《しんぎかい》の委員のようなものになっていたこともあります。

「デルフォイの神託《しんたく》」の意味を探究し、「無知の知」を自覚する

大川隆法　「なぜ、ソクラテスが、七十歳にして、ああいう最期《さいご》を迎《むか》えたか」は、大きな秘密として残っています。

当時の人の平均寿命《じゅみょう》は、やはり五十歳前後だったと推定されるので、「七十歳」というと、当時としては、まあまあの長命です。七十歳まで生き、最後、名誉《めいよ》的な死を迎えています。

よくは分かりませんが、とにかく、わりに早いうちに、ソクラテスの熱心な崇《すう》拝者《はいしゃ》、信者とも言うべき崇拝者が、デルフォイの神殿に勝手に行って、「ソクラテス以上の智者《ちしゃ》、賢《かしこ》い人が、はたしているのでしょうか」というようなお伺いを立てたところ、アポロン神からと思われる神託《しんたく》が下りて、答えは「ノー！」とい

うことでした。すなわち、「ソクラテスより賢い人はいない」という神託が下りたのです。

これは、いちおう、疑《うたが》ってはならないものなのです。疑えば、信仰心を持っていないことになるので、疑ってはならないわけです。

ただ、「その神託の意味をめぐって、いろいろと調べたりすることは構わない」ということになっていました。「なぜ、『ソクラテスより賢い人はいない』ということを、言葉を換《か》えて言えば、『アテネ一の智者だ』ということを、神が言われたのか」という点について調べることは、疑っていることになるわけではないので、構わないのです。

そうはいっても、調べた結果、ソクラテス以上に賢い人が出てきたら、神託が覆《くつがえ》されることになるので、ある意味では、これは〝不敬罪《ふけいざい》〟になる可能性もないわけではありません。

しかし、ソクラテスは、この神託を重大に受け止めて、「いや、さすがに、そんなことはないのではないか。有名な政治家もいるし、学者も批評家も大勢いるので」ということで、「これは」と思う人にアタックし、いろいろと議論を吹《ふ》っかけていくのですが、議論していくうちに、最初は立派そうに言っていた相手が、どんどんボロを出して敗れていきます。

「ソクラテス自身が自分の考えを述べる」というよりも、「相手の論理が破綻《はたん》していく」ということが次々と起きてくるのです。

結果的に、ソクラテスは、「神託は間違っているというわけではないけれども、自分がいちばん賢いと思うほど、私はうぬぼれているわけではない。要するに、ほかの人たちは、無知であるのに、自分が無知であることを知らない。しかし、私は、自分が無知であることを知っている」と考えました。

ここで、「無知の知」という有名な言葉が出てくるのです。

ソクラテスは、この「無知の知」、要するに、「『自分は知らない』ということを知っていることをもって、『智者』と言ったのではないか」という解釈《かいしゃく》に至ったのですが、これなら、「ほかに、この世的に賢い人がいても、神託が間違っていたわけではない」という解釈が成り立つわけです。

時事的な問題を批評する「週刊誌的人間」だったソクラテス

大川隆法　ソクラテスは、渡部昇一《わたなべしょういち》さんから、「週刊誌的人間」とも言われています。彼は、そのときどきの時事的な問題について、けっこう鋭《するど》く批評をするタイプの人であったのです。

私も、最近の著書に、「私はソクラテス的人間である」というようなことを書いたのですが（『悲劇としての宗教学』〔幸福の科学出版刊〕の「あとがき」参照）、時事問題についても、かなり言及《げんきゅう》しています。

しかし、現在ただいま進行中のことについて、「何が正しいか」ということを言うのは、けっこう難しいことなのです。

昔のことで、評価が定まっていることについて言うのは、それほど難しくはないのですが、今起きていることや、これから起きようとしていることについて、「正しいか、正しくないか」を言うのは、けっこう難しく、学者と言われる方でも、みな、避《さ》けたがることです。言うとリスクが生じるからです。

私は「宗教家」に分類されており、宗教家の仕事は、昔下《お》りた、神の託宣《たくせん》や言葉などを守って広げることですが、私は、現在ただいまのことについても、価値判断を加えて意見を言っています。その意味では、私が「ソクラテス人間」であることは間違いないと思うのです。

いろいろなジャンルについて、すべてのことについて、意見を言っていることが、哲学の「諸学の基礎」と言われている面かと思います。

ソクラテスは自らを「虻《あぶ》」と称《しょう》した

大川隆法　ソクラテスは自分のことを「虻《あぶ》」と称《しょう》していました。

今日、私は「虻のつもり」のブローチを着けてきています（笑）。最初は、もっときれいなものを着けていたのですが、「いや、今日はソクラテスの霊言の収録だから、虻に替《か》えたほうがよい」と思って、虻のブローチに替えました。

出てくる前に、「虻と蜂《はち》とは、どこが違うのですか」と訊《き》かれ、私は、「よく分からないけれども、虻のほうがあぶないのではないか」と言ってきたのです（笑）。

蜂も蜂も刺《さ》しますが、虻は、相手が死に至るぐらいまで、きつい刺し方をするのではないかと思います。

ソクラテスは「虻」と呼ばれていた男ではあるので、彼に〝刺される〟と、けっこう〝瀕死《ひんし》の状態〟になるようなことがあったようです。そのため、彼との議論を怖《こわ》がっていた人もいたのでしょう。有名な学者たちが次々とやられていったのです。

ただ、最期は自分自身が虻に刺されて死んだようなところがあり、有力な政治家などによって葬《ほうむ》られたところがあったようです。

アテネの陪審員《ばいしんいん》制裁判で有罪となり、死刑《しけい》判決を受ける

大川隆法　民主政で有名なアテネの人口は定かではありませんが、やはり万単位であったと思われます。いろいろなものを見ると、二万数千人という数字も出てきます（民主政に参加できる成年男子の市民）。よくは分かりませんが、三万程

度かもしれません。

私が以前にいた川島町《かわしまちょう》に隣《となり》の鴨島町《かもじまちょう》などを足して、吉野川《よしのがわ》市ができたのですが、川島町と鴨島町の人口の合計は三万人ぐらいでした。

そのくらいの大きさでしたら、それは、確かに、「このなかで、賢《かしこ》いか、賢くないか」というようなことが、ある程度、分かるぐらいの範囲《はんい》かと思います。数万の範囲だと思います。

そのなかで、ソクラテスは、いろいろな言論を展開していて、弟子たちがついていたわけです。

最後は告発されるのですが、告発理由の一つは瀆神罪《とくしんざい》、「ギリシャ古来の神々を冒瀆《ぼうとく》した」という罪です。もう一つは、「若者、青年たちを惑《まど》わせた」という罪です。この二つの罪で告発されました。

彼を裁いた裁判は、最高裁に当たるようなものではあったらしいのですが、今のアメリカなどと同じで陪審員制《ばいしんいんせい》を取っていました。

陪審員は五百人余りで、今の日本の衆議院議員ぐらいの数はいたのですが、最初に、「有罪か、無罪か」の評決をしたところ、有罪が二百八十一票、無罪が二百二十票で、有罪が少しだけ多かったのです。

「ソクラテスの弁明」という有名なものがありますが、それは、その票決のあとにも行われました。ところが、ソクラテスが、裁判所の陪審員たちに対し、癇《かん》に障《さわ》るようなことを言ったため、陪審員たちは激昂《げっこう》してしまいました。

そして、死刑《しけい》の動議が出され、「これを受けるか、受けないか」ということの投票を行ったときには、五百人余りの間で三百六十人以上が「死刑賛成」だったため、彼は死刑になりました。

ソクラテスは、そういう人なのです。

五百人もの人たちで裁判をしているので、民主主義ではあったのですが、現在見るような、「マスコミが煽動《せんどう》する民主主義」にやや近かったのではないでしょうか。その場にいた人たちの雰囲気《ふんいき》は、新聞や週刊誌等で動かされる人たちのようなものだったのかと思います。だから、よく正反対のことをやるわけです。

「ソクラテスは、そのような方だったのかな」という気がします。

ソクラテスには妻が二人いた？

大川隆法　ソクラテスには、「妻が二人いた」という説、「それは勘違《かんちが》いだ」という説、「前妻と後妻だ」という説など、いろいろあります。

不思議なのですが、プラトンの書いているものを読むと、当時のギリシャでは、「『三十五歳までに結婚《けっこん》しなかったら、有罪にする』という法律をつくれ」という意見もそうとう強かったようなので、「ソクラテスが三十五歳まで独身でいたとは信じられない」という見方もあることはあるのです。

また、年齢《ねんれい》から計算するかぎりでは、「世界三大悪妻《あくさい》」の一人として悪名《あくめい》をとどめているクサンチッペと結婚したときのソクラテスは、どう考えても、少なくとも五十歳にはなっていたと推定されます。

ソクラテスには子供が三人いたことも確認されていますが、三人ともクサンチッペの子であるか、一人は別の人の子であるか、このへんについては意見が分かれるところです。

さらに、彼が七十歳で死刑になるとき、まだ幼《おさな》い子がいたらしいことも分かっているのです。

牢《ろう》から脱出《だっしゅつ》できたのに、脱出しなかった理由とは

大川隆法　クサンチッペと思われる奥《おく》さんは、死刑になるソクラテスと面会したとき、「あなたは、無罪なのに、なぜ死刑になるのですか」と言いました。

ところが、ソクラテスは、「それでよいではないか。有罪で死刑になるのは大変なことだが、無罪で死刑になるからよいのだ。無罪だから、喜んで死んでいけるのであって、有罪で死刑なら、大変なことだ。有罪ではないから死ねるのだ」というようなことを言ったそうです。

変わった論法の方ですが、こういうところが、ほかの人を怒《おこ》らせるのだと思います。

また、「ソクラテスは牢《ろう》から逃《に》げることができたのに、逃げなかった」と私は

よく言っています。

当時、ちょうど何かのお祭りに当たる時期だったらしくて、そのお祭りのための船が行って帰ってくるまでの間《あいだ》には、刑の執行《しっこう》をしない風習があったので、一カ月ぐらい死刑執行が延ばされたのです。

その間《かん》、弟子たちは「逃げてください」と言って、その準備をしていましたし、牢番も、「逃げなさい」という感じだったため、〝ザル状態〟で、いつでも逃げられるようにはなっていたのですが、ソクラテスは美学を持っていたらしく、「無罪だからこそ、死ねる」ということで、逃げずに死んでいきました。

この論理はよく分からないのですが、後世の吉田松陰《よしだしょういん》を思わせる面が少しあります。

吉田松陰は、「君たちが生きることによって、世の中がよくなるのなら、生きよ。しかし、君たちが死ぬことによって、世の中が変わり、よくなっていくのなら、死ね」というような言葉を遺《のこ》しています（注。高杉晋作《たかすぎしんさく》宛《あ》ての手紙に「死して不朽《ふきゅう》の見込《みこ》みあらばいつでも死すべし。生きて大業《たいぎょう》の見込みあらばいつでも生くべし」と書いている）。

ソクラテスにも、そのようなところがあるのかもしれません。「無罪の自分が死ぬことによって、世の中を変えられる」という面があったか、あるいは間違った学問や言論で生業《なりわい》を立てている大勢の人たちに対する教訓を遺したかったのではないでしょうか。

「お金を着服《ちゃくふく》した」など、何かの犯罪を犯《おか》し、本当に有罪なら別ですけれども、「無罪だからこそ死ねる」とソクラテスは考えたのです。

また、これには、四、五百年後のイエスをも〝におわせる〟ようなところが少しあります。無罪だけれども十字架《じゅうじか》に架けられたイエスを思わせる面もあるのです。

このように、死をもって神になったり聖人になったりする人も、世の中にはいるわけです。まことに不思議なことではありますが、そういうことがあります。

「ソクラテスの対話編」を数多く遺《のこ》したプラトン

大川隆法　概論《がいろん》は、そのようなところです。

ソクラテスが六十二歳ぐらいのときに、プラトンは二十歳《はたち》ぐらいだったと思われます。プラトンはソクラテスより、だいたい四十歳ぐらい年下の方なのです。

プラトンはソクラテスのことをたくさん書いていますが、年齢からすると、プラトンが見たのは、プラトンが二十歳から二十八歳ぐらいまでの間に見た、晩年のソクラテスです。

プラトンが書いた、「ソクラテスの対話編」がずいぶん数多く遺《のこ》っていますが、それらには、かなりの部分、プラトンの創作というか、思い入れも入っているかもしれません。

ただ、ソクラテスについては、他《た》の人も書いているので、「ある程度、そういう人であったらしい」ということが分かっています。

アリストテレスはプラトンの弟子ですが、「アリストテレスは、ソクラテスの時代には実は存在していない。ソクラテスが死んだあと生まれ、プラトンの弟子になった」という関係です。

いずれにしても、この紀元前五〇〇年前後は、「枢軸時代《すうじく》（軸の時代）」とも言われています。これはヤスパース（ドイツの哲学者《てつがく》）の言葉です。

今から二千五百年ぐらい前には、偉《えら》い人が東西にたくさん生まれ、人類を変えようとしました。このころには、仏陀《ぶっだ》も生まれていますし、孔子《こうし》も生まれていますし、ソクラテスも生まれていますし、いろいろな方が生まれていますが、「こういう人たちが生まれたことで、一つの時代ができ、その後の二千数百年の流れができたのではないか」とは言われています。この時期は、そういう重要な転機かと思われます。

哲学《てつがく》の祖、ソクラテスを招霊《しょうれい》する

大川隆法　前置きが少々長くなりましたが、いちおう説法も兼《か》ねていますし、ソクラテスについて全然知らない方がいてはいけないので、概論を述べておきました。

それでは、そろそろ始めましょう。

（合掌《がっしょう》し、瞑目《めいもく》する）

ギリシャの高名な哲学者にして、「哲学の祖」と言われるソクラテスの霊《れい》を、お呼びしたいと思います。

ソクラテスの霊よ。

ソクラテスの霊よ。

幸福の科学総合本部に降りたまいて、われらを指導したまえ。

ソクラテスの霊よ。

ソクラテスの霊よ。

幸福の科学総合本部に降りたまいて、われらに、その霊言《れいげん》を下《くだ》したまえ。

（約十秒間の沈黙《ちんもく》）

2 ソクラテスは「幸福論」を語れるか

「幸福とは何か」を知るには、ソクラテスは〝ミスキャスト〟？

ソクラテス　アハッ！　フン。

A――　ソクラテス様でいらっしゃいますでしょうか。

ソクラテス　そうだが。

A――　本日は、幸福の科学総合本部にお出《い》でくださいまして、まことにありがとうございます。

ソクラテス　うん、うん。

A――　一九八四、五年ごろ以来、三十年弱、二十七、八年ぶりのことかと思います（注。ソクラテスの霊言《れいげん》は、「一九八四年四月二十九日」と「一九八五年十一月三日」にも収録されている。『大川隆法霊言全集　第9巻』〔宗教法人幸福の科学刊〕参照）。

ソクラテス　うん。

A――　改めてご指導賜《たまわ》りますことを、心より感謝申し上げます。ありがとうございます。

ソクラテス　で？

A――　幸福の科学は学園事業を進めており、二〇一〇年には栃木《とちぎ》県の那須《なす》に幸福の科学学園中学校・高等学校を開校しましたし、二〇一三年には関西校を開校いたします（関西校は滋賀《しが》県大津《おおつ》市に予定どおり開校した）。

そして、二〇一六年には幸福の科学大学を創設し（その後、開学予定は二〇一五年に繰《く》り上がった）、そのなかに「人間幸福学部」というものをつくる予定でおります。

ソクラテス　ふーん。

A――　本日は、ソクラテス先生に、「人間の幸福とは何か」ということにつきまして、さまざまな角度から、お話を賜れればと存じます。よろしくお願い申し上げます。

ソクラテス　それは、君、〝ミスキャスト〟かもしれないねえ。

A――　そうでございますか。

ソクラテス　「人間の不幸とは何か」ということの代表選手として、私を選んでくるのなら、当たっているかもしれませんし、「不幸とは何かを調べて、その反対をやれば幸福になれる」というのなら、実に正しい選択《せんたく》だけれども、「幸福とは何か」を知るために私を呼ぶなら、これはミスキャストの第一号かもしれないねえ。

A――　そうでございますか。

ソクラテス　でも、不幸を研究することによって、幸福になることはできる。あなたがたの言う「幸福」の内容にもよるけれども、一般的《いっぱん》には、人々から「幸福」と言われるものは、「この世で認められること」である場合が多いから、そういう意味では、この世で認められずに死刑《しけい》になった私を「幸福」と言うのは、定義において、君、実に厳しいものがあるんじゃないか。

A――　なるほど。

「哲学《てつがく》は四十歳《さい》以降で」という見解への感想

A――　ただ、そうは言いましても、ソクラテス先生の説かれた教えは、哲学《てつがく》の源流として、その後の人類の歴史に影響《えいきょう》を与《あた》え、哲学は大きな山脈となってきております。

そういう意味合いにおいて、やはり、「幸福論」をテーマに、いろいろとお聴《き》かせいただければと思います。

ソクラテス　そうは言うけど、君ねえ、先日、この総裁が大川家のお子様がたと議論されているのを耳にしたんだよ。お子様の一人が、「哲学に興味が出てきたから、哲学でも研究してみようかな」ということを言ったら、父親の大川隆法総裁は、「哲学は、やめておいたほうがよい」と答えていた（会場笑）。

A――（笑）

ソクラテス　「あまり若いうちに哲学をやった人は、みんな不幸になっているから」と（会場笑）。

A――（笑）

ソクラテス　「人生を観察するかぎり、哲学を若いうちにやった人は、みんな、だいたい不幸になっている。なぜなら、哲学者は、みんな、不幸な生き方および死に方をしているので、その人のことを勉強すると、まねをするからだ。それで結果的に不幸になる。だから、哲学は専攻《せんこう》しないほうがよい」と。

そして、「若いうちは、できるだけ実学をやって、世間《せけん》についての常識ができ、知恵《ちえ》ができてから、すなわち、人生の前半で、ある程度、人間性が固まってから、そのあと、余生《よせい》において、暇《ひま》なときに哲学をやると、間違《まちが》いが少なく、不幸にならないで人生を終わることができる。実学で身を立てられることが決まり、ある程度、軌道《きどう》に乗ってから、哲学を勉強しても遅《おそ》くない」と。

A――　そうでございますか（笑）。

ソクラテス　「哲学は四十歳《さい》以降でやるものだ」というようなことを、総裁が述べておられるのを、私は耳にした。

A――　そうでございますか。

ソクラテス　「実に正しい見解だ」と私は思う（会場笑）。

A――　（笑）

哲学者《てつがく》は「役に立たないこと」を誇《ほこ》りとしている

ソクラテス　あなたの言うように、私は哲学《てつがく》の山脈をつくったかもしれないが、哲学者の多くは、実に不幸な生き方および死に方、無様《ぶざま》な生き方および死に方をしてきている。それを「幸福」と言えるのかどうか、私には分からない。

それでも、君は、それをもって「人間幸福学」と称《しょう》するのかね？

A――　大川総裁の、そういうお言葉は、非常に大きな意見ではございますけれども……。

ソクラテス　だろう？　じゃ、やめておいたほうがよい。「ソクラテスの不幸論批判」という題なら当たっているけど、売れないかな？

A――　ただ、総裁は、人生において、あるいは人生をつくり出していく上において、非常に根本的な姿勢を教えてくださっていると思うのです。

ですから、「哲学という核《かく》の部分をまず学んだ上で、実学の方向に進んでいくと、すべてが丸く収《おさ》まる面もあるのではないか」という気もいたします。

ソクラテス　まあ、〝救い〟も、ないわけじゃないがね。同時に、「文学、小説も、あまり若いうちにやりすぎると、不幸になる人が多いから、気をつけたほうがいい」という言葉も聞いたからな。

不幸を取り扱《あつか》った小説は、すごく多いわね。「それをあまり読みすぎると、やはり、不幸な人生をなぞっていく傾向《けいこう》がある。人生観なり世間知なりができてこないと、それのよし悪《あ》しというか、『地獄《じごく》的なものか、天国的なものか』を区別できない傾向があるので、若いうちに文学にのめり込《こ》む人間も危険だ」ということも言ってはおられた。

哲学だけの罪ではない。文学にも罪は同じくあるらしいので、多少の弁解の余地はある。ただ、「役に立たない」ということだけは正しいと思うし、哲学者には「役に立たないこと」をもって誇《ほこ》りとしているところがある。

君に言わせれば、物理学に実によく似たものかもしれないけれども、世の中の役に立たない学問はたくさんあるんだよな。「知を愛する」とは、そういうことなんだよ。

A――　なるほど。

ソクラテス　「知を愛する」とは、「金を愛さない」ということなんだ。

A――　はい（笑）。

ソクラテス　「金を蕩尽《とうじん》すること」を意味していて、稼《かせ》がずに使う。しかし、知を愛する。まあ、そういうことだな。

A――　なるほど。

日本人はディベートが下手で、国際的に損をしている

A――　先ほどのお話をお聴きしておりまして、ふと気づいたのですが、「根本的な考え方をしっかりと学ばずに、行き当たりばったり、あるいは、手当たり次《し》第《だい》のかたちで、哲学なり文学なりに入っていくと、非常に危険だ」ということを、総裁はおっしゃったのではないでしょうか。

ソクラテス　うーん。しかしだねえ、私は、いちおう、弁論術を教えて生業《なりわい》を立て、ささやかに生きておったわけだけれども、弁論術を教えていた私が弁論において敗れた。「ソクラテスの弁明」と、いちおう言われてはおるが、「弁論におい

て敗れ、有罪、死刑になった人の教えを学ぶ」というのは、君、問題があるんじゃないか。

勝ったなら、いいよ。勝ったなら、「五百人を説得し、五百対ゼロで完勝して、死刑になるべきところが無罪になった。さすが、すごい。これは役に立つ弁論術である」ということで、これは、まさしく、プラグマティズム、実用主義の哲学であり、弁論術としても役に立つ。

今、ディベートの能力は、欧米《おうべい》では、非常に役に立つものとして学問的にも重要視されており、「日本人は弁論術が下手なために損をしている」と、ずいぶん言われている。日本人は弁が立たないので、言うべきことが言えず、議論ができなくて、国際的に非常に損をしている。

ソクラテスの守護神《しゅごしん》は「牢《ろう》から逃《に》げろ」とは言わなかった

ソクラテス　しかし、私の弁論術を習った場合には、負けて死刑になる。そういう人に習って、君、本当にいいのかね？

A――「死刑になられた」という結果については……。

ソクラテス「痛かったか、痛くなかったか」とか、「苦しかったか」とか、そういうことが……。

A――そのときだけを見たら、不幸のように見えるかもしれませんが、ソクラテス先生に、その生涯《しょうがい》を送らせた方々といいますか、天上界《てんじょうかい》で指導された方々も含《ふく》めて……。

ソクラテス　みんな、非常に無慈悲《むじひ》な神々だから、気をつけたほうがいいよ。

A――　いえいえ（笑）。

ソクラテス　だから、決して人の救済なんか考えていないのであって……。

A――　いえいえ（笑）。

ソクラテス　私の守護神《しゅごしん》はだねえ、「（牢《ろう》から）逃《に》げろ」とは一言《ひとこと》も言ってくれず、黙《だま》っていたんだよ。
いつもは、うるさく、「あれをしてはいけない」「これをしてはいけない」と言う守護神が黙っていたから、「『死ね』ということだな」と私は理解して、牢から逃げず、時期が来たので死んでしまったわけなんだけどね。
君、死ぬときの感じ、分かる？　毒ニンジンを飲むと、足の下から痺《しび》れてくるんだよ。足の下から痺れてきて、これが腰《こし》に至って、だんだん感覚がなくなっていく。赤みが消えていって、色が土色《つちいろ》に変わり、白く変わっていき、顔面まで来て硬直《こうちょく》し、そのまま逝《い》くんだ。

A――　はあ……。

ソクラテス　弟子《でし》たちは、その変色していく姿を見ながら、「ああ」って……。

「ナンバーワンの智者《ちしゃ》」という神託《しんたく》に悩《なや》んだソクラテス

ソクラテス　当時は、裁判で死刑になった人間には、葬式《そうしき》をしてくれないんだよ、君。大変だよ。

A――　なるほど。

ソクラテス　キリスト教なんか、葬式もしてくれないと、みんな悪魔《あくま》になってしまうかもしれないところだが、死罪になったやつの葬式をしてはいけないので、ゴミと同じなんだ。ゴミと同じで、あとは放《ほう》られ、捨てられるんだよ。だから、弟子たちも私の葬式はできなかったんだよ。

それは大変だよな。妻や子がいたとしたら、こんな不幸な人間というか、こんなひどい〝あれ〟はいないな。妻は泣くわ、子の将来には〝バッテン〟が付くわ、こんな不幸は……。「葬式さえしてもらえない人間になる」というのは、すごいことだよ、君。

A――　ええ。

ソクラテス　これが幸福論につながるのかね？

A――　はい。「そうした、死を恐《おそ》れず、真理を全《まっと》うされたお姿こそが、後世《こうせい》に対して、光を投げ掛《か》けている」と感じさせていただいております。

ソクラテス　そうは言うが……。

私は、瀆神罪《とくしんざい》、「ギリシャ古来の神を冒瀆《ぼうとく》した」という罪を問われた。

「アポロン神を信仰《しんこう》している」と私は言いましたが、「デルフォイの神託《しんたく》」で、「ソクラテスがナンバーワンの智者《ちしゃ》だ」と言われたとき、いちおう、それを良心的に疑って、「そんなことはないだろう」と言い、調べていったわけであって、うぬぼれたわけじゃない。

もし、私が、それをそのまま聴いて、「神様がおっしゃるなら、そのとおりだ。私がナンバーワンの智者である」と言って回る、単純な人間であれば、それを疑って調べることもなく、哲学は生まれてはおらんわけだけどねえ。

「自分は智者ではない」と思った人間は、現代においては、一般的に「謙虚《けんきょ》だ」と考えられるわけであり、ほめられるべきだけれども、当時は、それについて深く悩《なや》んだ人間が、結局は死刑に至らしめられたわけであるからして、世の中は、まことに不思議であるわなあ。

3 「よく生きること」の意味

ソクラテスは〝不完全燃焼《ねんしょう》〟だったので名が遺《のこ》った？

ソクラテス　（Bを見て）こちらは何？

B――ご質問させていただきたいと思います。

ソクラテス　うん。

B――お話の途《と》中《ちゅう》で、申し訳ございません。

ソクラテス　いいや、私は「雑談家」なんだよ、君。体系的学問をやった人間じゃなく、本を書いた人間でもない。他人《ひと》が書いたのであって、私は話すだけなんだ。

B――　後世、弟子《でし》の一人であるプラトンが書き遺《のこ》したもの（『パイドロス』）のなかに、「真実を真に知らない者には、真実らしく語ることさえできないのだ」というような、ソクラテス先生の言葉があります。

それを読み、私は、「こう語られたソクラテス先生は、やはり、あまたのソフィストたち、言ってしまえば、詭弁家《きべんか》たちに対し、圧勝しておられた」と感じさせていただきましたが、いかがでございましょうか。

ソクラテス　いやあ、そんなことはないんじゃないの。他のソフィストたちは、本当に金儲《かねもう》けをきちんと教えてくれていたので、卒業すれば、生業《なりわい》を立てて生きていけた。

私なんかは、アリストファネス（注。アテネの喜劇《きげき》作家で、ソクラテスと同時代の人。『雲』という喜劇でソクラテスを風刺《ふうし》した）、その他の喜劇作家から皮肉られ、さんざん〝バカ扱《あつか》い〟をされていた。要するに、私は、〝週刊誌ネタ〟で言えば、「奇人《きじん》・変人」だったのであろうと思われるので、当時の人たちは、まあ、賢《かしこ》い人たちだったのだろう。

私は、〝目が曇《くも》っていて、真理が見えない人〟だったからこそ、そういう不幸に立ち至ったけど、幸福な人たちは、それで人生を全《まっと》うでき、完全燃焼《ねんしょう》したので、名前が忘れられていった。

私は、完全燃焼せず、不完全燃焼しかしなかったため、「どうしてだろう?」炭がここにあるのに、火を点《つ》けても、なぜ燃えなかったんだろう。なぜ火が消えてしまったんだろう。おかしいなあ」と思われ、ずうっと探究されて、名が遺ったんだな。

だから、私の側に真理があったとは必ずしも思わないね。

「いかがわしい」と週刊誌的に疑われたソクラテス

ソクラテス　他の人たちは、〝真理が見える人〟たちだから、みんなに認められて、人生を全うできた。

私は、平均寿命《じゅみょう》が五十歳《さい》ぐらいのころに、七十歳まで生きて、生きすぎたために、「もう早めに死んでくれ」ということで殺されたのだろう。

あるいは、「晩年に子づくりができる」という精力家ぶりと、その「知を愛する」という言葉とが、どうも矛盾《むじゅん》するので、「これは、いかがわしい」と、週刊誌的に疑われた可能性も、ないわけではないな。確かに、「七十歳にして幼い子がいる」というのは、やはり、君、おかしいよな。

A――（笑）

ソクラテス　そらあ、「痩《や》せたソクラテス」「貧乏《びんぼう》なソクラテス」に、そんなことがあっていいはずがない。

A――いえいえ、そんなことはないと思います。

ソクラテス　これは怪《あや》しい。だから、君らの言葉で言うと、「淫祠邪教《いんしじゃきょう》」に当たる可能性が極《きわ》めて強いわけだ。

A――　いえいえ。

ソクラテス　だから、決して、あなたが言うような、真理を強く言える立場にはなかったのだよ。

「よく生きる」とは、自分が「正しい」と思うことを曲げないことと

ソクラテス　ただ、私は、「ただ生きるより、よく生きなさい」といったことを言って死んでいった。「ただ生きることが大事なのではない。よく生きることが大事なのだ」と。

私にとって「よく生きる」とは、まあ、「毒杯《どくはい》を飲んで死ぬこと」であったわけだけれども、それが「よく生きること」であった。

その「よく生きる」とは何であるかというと、「自分が『正しい』と思うことを曲げない」ということが、よく生きることであり、「自分の信念や信条、考え等を曲げてでも、この世の肉体の快楽や延命を図《はか》ったり、家族の幸福を図ったりする」ということを、よく生きることとは私は思わなかった。

「よく生きる」とは、「自分の心、己《おの》が心、その良心に忠実に生きる」ということだと考えていたことは事実だけど、世間《せけん》の考えとずれていたことは間違《まちが》いないな。

「釈尊《しゃくそん》の出家《しゅっけ》」に関し、あえて詭弁《きべん》を述べるソクラテス

ソクラテス　あえて詭弁《きべん》で言えば、釈尊《しゃくそん》が家族を捨てて出家《しゅっけ》したことも、それに少し似ている面はあるかもしれません。その結果、成功したため、よかったのであって、成功しなかったら、釈尊も、ただの「責任放棄《ほうき》の無責任男」でしょうね。王子に生まれついたのに、王家を出、奥《おく》さんや子供を捨てて、無一文《むいちもん》の修行者《しゅぎょう》生活に入る。これは完全な責任放棄ですよね。（現代の言葉では）〝プー太郎《たろう》〟です。会社の跡継《あとつ》ぎ息子《むすこ》が、会社を辞《や》めてルンペンになったようなものですから、大変ですよ。

そのあと、仏教が大きくなったために、罪が許されただけで、その時点で言ったら、死罪に当たり、「引き回しの上、獄門《ごくもん》」というぐらいの人だね。いや、本

当は、追っ手が連れ戻《もど》しに来ただろうと思うよ。
それくらいの、へんてこりんな人だよな。
ただ、真理は、歴史的には、いつも奇人・変人の側《がわ》にあるんだよ。短い目で見れば、真理は常識人の側にある。しかし、長い目で見れば、二千年単位で見れば、真理は、いつも極端《きょくたん》な奇人・変人の側にあるんだなあ。

A――　釈尊の例を引かれましたが、釈尊としては、それだけのリスクを取って、真実を探究されたのではないかと思います。

ソクラテス　いや、そんなことはないよ。そんなの、全然、考えていないよ。

A――　いえいえ。

ソクラテス　そんな人じゃないって。

A――　いや、そんなことはないと思います。

ソクラテス　リスクを取らなかったから、家出したのであって、リスクを取ったら、家を継いでいますよ。

その小さな王国を継いで、巨大《きょだい》な隣国《りんごく》と戦うことが、「リスクを取る」ということであり、「親を護《まも》り、親の期待に応《こた》え、子孫を遺し、領民を護る」というリスクを負うのが国王の使命です。それを全部投げ捨てて出たんだから、これは逃《に》げたのだから、これはリスクを取っていないよ。

あんな〝ドジョウ首相〟（当時の野田《のだ》首相）に対して、これは〝ウナギ王子〟

と言うべき……。

A――　それだけの犠牲《ぎせい》を払《はら》ってでも、「悟《さと》りを開いて仏陀《ぶっだ》になる」ということを目指されたのだと思います。

ソクラテス　まあ、それはそうだ。結果的には、そうだわな。

A――　はい。そうだと思います。

幸福の科学が「時代を超《こ》えて遺《のこ》る」には

ソクラテス　だからねえ、君。

A――　はい。

ソクラテス　君たちは、君たちの総裁に期待をかけすぎているんだよ。これは、いけないよ。こういうことであっては、総裁は、人生を全《まっと》うできない可能性がある。だから、もっと「無責任」な、もっと「常識に反する生き方」を、徹底《てってい》的にするように、やはり勧《すす》めなくてはいけない。

A――　はあ……。

ソクラテス　「弟子たちの給料のことなんか、一日たりとも、一秒たりとも、考えないでください。みんな飢《う》え死にしても構わないので、やりたい放題をやってくださいというぐらいのことを言って、勧めないといけないね。

A―― なるほど。

ソクラテス そうすると、幸福の科学は時代を超《こ》えて遺《のこ》る。しかし、「弟子たちが安定的に食べていけるように」なんて考えると、この教団は滅《ほろ》びる。気をつけたほうがいいよ。

A―― はい。そのようなかたちにならないよう、心したいと思います。

ソクラテス だから、（幸福の科学）学園、（幸福の科学）大学は、金回り、資金繰《ぐ》りが悪くて倒産《とうさん》すると、歴史に名前が遺り、あなたは歴史に長く名が遺る大学長になるが、長く続くと、学園は、「やはり、金儲けのためにつくられた学園であり、宗教で金儲けをしすぎたためにできたのだから、もっと税金をかけておけばよかった」と言われることになる。気をつけたほうがいいよ。

A――　いえ（苦笑）。

ソクラテス　全部、反対になるから。そういうアイロニー（皮肉）が歴史にはある。

真理は常に「狂人《きょうじん》」「奇人《きじん》」「変人」の側にある

A――　「全部、反対になる」とおっしゃいましたが、そういう意味では、ソクラテス先生の、「正しいことを曲げなかった」という姿勢が、やはり……。

ソクラテス　正しいかどうかは分からない。私には、それが正しいかどうかは分からないけど、自分が納得《なっとく》しないものに対する懐疑《かいぎ》の心はあったからねえ。

A――　はい。その「知的廉直《れんちょく》」という……。

ソクラテス　「アポロン神を信仰《しんこう》していたから、伝統的なギリシャの神々を信じていない瀆神罪《とくしんざい》に当たらない」と言ったけれども、いや、結局は、それ（デルフォイの神託《しんたく》）が自分の心のなかで納得できないため、そのあと、どんどん、当時の有力者たちの嘘《うそ》を剝《は》がしていったというか、無知であることを暴《あば》いて、虻《あぶ》のごとく刺《さ》していき、これで怒《いか》りを買ったわけであるからして、君たちの言葉で言うと、私は「不幸の拡大生産者」なわけだ。

「不幸の拡大生産」をやってしまったので、私は、「幸福の生産者」ではなくて、「不幸の生産者」になったわけだ。その罪により、〝蛇の一刺《ひとさ》し〟で殺された。

A――「虚飾《きょしょく》の知を剝《は》いだ」ということだと思います。

ソクラテス　そういう言い方もあるけど、それを言うと、「週刊新潮《しんちょう》」が喜ぶぞ。

A――（苦笑）

ソクラテス　君、それは微妙《びみょう》なところだからさ。

A――　そうですか。

ソクラテス　だからねえ、真理は難しいよ。「真理は、常に、狂人《きょうじん》、奇人《きじん》、変人の側にある」と言ったら、本当に学問をする気がなくなって、大学に授業料を払《はら》う人がいなくなる可能性がある。大根を持ってきたり、ネギを持ってきたりするような学生が増えてくるかもしれないから、気をつけないといけないけどね。

「知を愛する」とは、「考える」ということ

A――　ソクラテス先生にとって、「知を愛する」と言うときの、この「知」とは、どういうものだったのでしょうか。

ソクラテス　「考える」ということだろうな。

Ａ――　「考える」ということですか。

ソクラテス　だから、私は「考える人間」だったと思うんだ、いろいろなことに対してな。

だけど、世の中の高名な方々で、地位もある政治家や弁論術の大家《たいか》、その他、ひとかどの大家になっているような方であっても、意外に考えていないんだなあ。「こうだ」という定式をつくると、「それを墨守《ぼくしゅ》して人に伝える」「同じようなことを弟子に伝えて、そのまま守らせる」というようなことを、よしとしていたのだろうけど、私は、いちおう考え続けていた。

「考え続ける」ということは、ある意味で、「『これは真理かどうか』を常に探究し続けていた」ということだろうし、今で言えば、洗濯機《せんたくき》のなかの洗濯物を回し続けているような感じかな。「『これで、もう、きれいになりました』ということを、そんなに簡単に信じないで、徹底的に汚《よご》れが落ちたかどうか、やはり疑い続けた」ということでもあろうかな。

A―― なるほど。

4 「哲学《てつがく》」と「霊的《れいてき》な真実」との関係

西洋哲学《てつがく》史を勉強した人は、かわいそうな人？

ソクラテス　（質問者たちを見て）真ん中の人（C）が何か言いたそうだが……。

A――　（笑）

ソクラテス　君も、かわいそうな人なのか？

C――　大学で「西洋哲学《てつがく》史」を専攻《せんこう》しておりました。

ソクラテス　ああ、それは〝かわいそうな人〟だわ。

C――　（笑）

ソクラテス　それは不幸な人生になるだろう。かわいそうだなあ。

C――　いえ、そんなことはございません。

ソクラテス　私の弟子《でし》で〝幸福〟になった人は一人もいないのだよ。

C――　この世的には、そういう方もいらっしゃったかもしれませんが、「魂《たましい》の幸福」といいますか、「この世とあの世」まで考えたときには……。

ソクラテス　それが「信仰《しんこう》」なんだよ。あの世に還《かえ》ってみないと分からないからさ。それを「信仰」と言うんだよ。この世では確かめられないからな。私は本当は信仰心に満ちていたんだけど、分かってもらえないんだよな。

C——　私は、ソクラテス様の生き方は、とても美しくて高潔《こうけつ》な生き方であると思います。高校時代から、ソクラテス様は憧《あこが》れの方ではありました。

ソクラテス　ああ、そうかい。じゃあ、君も、年を取った人と結婚《けっこん》するといいよ。

C——　はい（笑）。

ソクラテス　そして、子供を残して死なれると、（私の妻の）気持ちが非常によく分かるから。
幼い子を抱《かか》えているのに、夫に死なれたら、それを呪《のろ》わずにいられるかどうか、自分を試《ため》してみたらいい。幼い子を残して七十歳《さい》で死んだ夫を罵《ののし》らなかったら、君は哲学者だ（会場笑）。

C――　はい。参考にさせていただきます（笑）。

ソクラテスがストレートに「信仰《しんこう》」を語らなかった理由

A――　今、「信仰心《しんこうしん》に満ちていた」とおっしゃいましたが、そのこと自体を、ソクラテス先生ご自身は、ご生前には、それほど明確には表明されていませんよね？

ソクラテス　うーん。

A——　いわば、問答《もんどう》形式によって真実を明らかにしていくようなかたちを取られたと思いますが、どうしてストレートに信仰を語られなかったのでしょうか。

ソクラテス　私は霊《れい》の声を聴《き》くことができたけど、あなたがたから見れば、これは、本当は宗教家になる素質だろうね。「霊の声が聞こえる」というのは、いちおうはそうだろう？

A――　はい。

ソクラテス　だから、宗教家でなければ、精神病院に行くしかない。どちらかだよね？　どちらかになることだから、そのきわどい境界線の上を歩いていくことを意味しておる。

私のダイモンは、不思議なことに、本当に、崖《がけ》から落ちそうなときには、「落ちるなよ」と言うわけだけれども、「あれをしろ」「これをしろ」とは言わない人であったんでねえ。

だから、それが、宗教にならなかった理由かもしれないね。

もし、霊として付いているものが、「あれをしろ」「これをしろ」と言えば、それは十分に教義《きょうぎ》になりますからね。「それを守りなさい」ということになると、宗教になったのかもしれませんけど、そういうことを言わず、「それは駄目《だめ》だ」

と言う人であった。単にこれだけなので、宗教にならなかったのかもしれない。

それが、あなたの言う、「信仰心を説く宗教」にならなかった理由なのかもしれないね。

「駄目だ」ということだけは言うけど、「駄目だ」と言われたら、「なぜかな」と、やはり考えるよね？　そして、それを人間的に探究しようとするわね。いわゆる〝探究創造科〟だな（注。幸福の科学学園では、「新たな価値を創造する力」を養成するため、「探究創造科」の授業が行われている）。

それを始めると、宗教にならないのであって、哲学になる。

要するに、「探究創造、あるいは疑問追究をした」というところが、哲学なのかな。宗教じゃないところだね。

その意味で、「単純な信仰心」とは、ズバッと合わないものであったのかもしれないね。

アリストテレス以降、哲学《てつがく》から「霊的《れいてき》なもの」が落ちた

A―― あえて、そういうかたちのご指導がなされたのでしょうか。

ソクラテス そうだね。だから、大きな目で見れば、それには、「学問としての哲学《てつがく》をつくろう」という意図が働いていたのだと思う。

私は、そういう「心霊的《しんれい》人間」であったのだけれども、哲学の流れのなかから、そちらのほうは、きれいに落ちてしまった。プラトンはまだ霊的な人間であったのだけれども、アリストテレスあたりからは、もう、そうとう……。

アリストテレスは、私に直接会った、私の同時代の人ではなかったこともあるけれども、もう少し論理学的人間になっていった。そして、現代に至るまで、そ

ういう、分析《ぶんせき》的、論理的なものの考え方を、哲学の中心にするものもけっこうある。

二十世紀あたりからの記号論理学的な流れでは、私が聞いても分からないようなものを楽しんでいらっしゃる。君（A）のほうの世界（理系の学問）に近いかもしれません。だから、本当に、理学部、数学科系の世界に近い。記号をいじって遊び始める世界に入っていくのでね。

A――　なるほど。

ソクラテス　そんなものになってしまっていくところがある。これは、宗教の教えが変わっていくのと似ているのかもしれない。

「魂《たましい》の健康」を求めることが哲学《てつがく》であり、徳の実現である

ソクラテス　私が探究した哲学《てつがく》なるものを、別な言葉で言うと、結局、「魂《たましい》の研究」なんだよ。やったことは魂の研究なんだ。

徳についても、ずいぶん探究はしたのだけど、「徳とは何か」というと、私の答えは「魂の健康」なんだよ。魂の健康を求めることが、哲学することであり、「徳」を実現することなんだよ。

だから、私は魂の健康を求めていた。肉体の健康のほうは、毒ニンジンを飲めば、毒杯《どくはい》をあおれば損《そこ》なわれるけども、魂の健康が損なわれないほうを取ったわけね。

A――　なるほど。

ソクラテス　だけど、「死にたくない」と思い、牢番《ろうばん》が逃《に》がしてくれるので逃げて、生き延びた場合、今度は、魂が病《や》んでくるわけだ。

自分の信念を曲げず、正しいことを言い切って死ねば、魂は健康だけど、肉体のほうを生かし、牢から逃《のが》れて、「自分の説のほうが間違《まちが》っていたのかな」というようなことになれば、魂が害され、不健康になって、病気になるわけよ。

「魂の病気」が、忌《い》むべきものであって、「魂の病気を厭《いと》って、魂の健康を求める」というところは、ある意味では、宗教とそう大きく変わってはいないんだけどね。

A――　まったく同じで……。

ソクラテス　君たちもそうだろう?

A――　はい。そう思います。

ソクラテス　実際、別の言葉で言えば、そういうことだろう?

A――　はい。

ソクラテス　君たちが教えていることには、いろいろな教えがあるけれども、人々に「魂の健康とは何か」を説いているでしょう?　そして、「迷ったら、魂の健康のほうを取れ」と言っているんだろう?

A――　はい。そのとおりでございます。

ソクラテス　肉体の健康も、まあまあ説いてはいるかもしれないけど、「それがすべてではない」と……。それは少なくとも方便《ほうべん》であるし、「健全な魂は健全な肉体に宿る」という言葉もあるから、それを否定はしないけど、魂を捨てて肉体のほうを選んだら、宗教家としては負けだし、やはり、哲学者としても負けだね。

A――　はい。

ソクラテス　その表現形式として、例えば、貧困《ひんこん》が来たり、病気が来たり、迫害《はくがい》が来たり、死刑《しけい》が来たり、いろいろするわけだけどね。

アテネ市民は「アテネの良心」を死刑《しけい》にしてしまった

ソクラテス （私が求めていたのは）魂の健康なんだよ。
だから、それで考えれば、私の最期《さいご》は実に明快に分かるでしょう？

A―― はい。すっきりいたします。

ソクラテス 私は魂の健康を損なわないように大事にしていたけど、ほかの人たち、「肉体の健康のほうが大事だ」って人たちが、一生懸命《いっしょうけんめい》、私を説得しようとして頑張《がんば》っていたわけだ。
ただ、私が死ぬことで、私は魂の健康を護《まも》ることができたし、ギリシャというか、アテネはアテネで助かった。私が死ぬことによって、アテネの職業的なソフィストたちは、みんな、生業《なりわい》を立てていくことができ、家族を養え、自分たちの看板を外すこともなく、寿命《じゅみょう》を全《まっと》うすることができて、滅《ほろ》びゆくアテネの、かすかな繁栄《はんえい》は護られたわけなんだよな。

いや、アテネの人々の心は、もう荒廃《こうはい》していたのよ。

先ほど総裁が言った「サラミスの海戦」のあと、「ペロポネソス戦争」（注。紀元前四三一～同四〇四。アテネを盟主とするデロス同盟と、スパルタを盟主とするペロポネソス同盟との戦いで、スパルタ側が勝利した）が長く続いた。私の時代に、アテネはスパルタと戦って、結局、負けているわけね。

君たちも経験……、君たちは経験していないか。君たちの親の世代かもしれないけれども、日本はアメリカと戦って無条件降伏《こうふく》をしておるわけだが、アテネも、隣《となり》のスパルタと戦って完全に負けまして、無条件降伏をしているんですよ。

「無条件降伏」は君ら（日本）が最初じゃない。アテネは、無条件降伏をし、荒廃《こうはい》のなかにあったわけで、そのなかでの民主政は非常に悲壮《ひそう》な感じのものだった。

「民主政の国よりも、スパルタのような国、要するに独裁の軍事国家のほうが強かった」ということだ。

だから、今、君たちが北朝鮮《きたちょうせん》や中国を恐《おそ》れていることには理由がある。強いんだ。日本のように、ワアワア言われて、支持率が落ちてきたら、すぐ内閣が交代する体制より、ああいう軍事独裁型のところは強い。

現実にアテネはスパルタに敗れているし、そのなかの「アテネの良心」であるべきソクラテスを死刑《しけい》にしてしまう。要するに、「議論がまとまらないから、議論を紛糾《ふんきゅう》させるやつは消してしまえ」ということだよ。まあ、そういうことだ。

「真実を発見する人は一人」の場合もある

ソクラテス　要するに、「真実とは何か」が分からなければ、多数決を採《と》り始める。これが民主主義なんだよ。

A――　なるほど。

ソクラテス　だから、「（民主主義は）最高のものではない」とプラトンも言っているだけのことはある。「真実とは何か」が分からないから、多数決をするのであって、「真実とは何か」が分かったら、多数決なんてしない。真実を発見する人は一人の場合もあるからね。

理科系では、それはありうるだろう? 「一人の人が真実を発見する」ということはあるわけでね。

他の人たち、人類のほとんどの人は知らないけど、一人の人が、例えば、「これはコレラ菌《きん》による病気である」ということを発見する。あるいは、「ペスト菌によるものである」「脚気《かっけ》が起きるのはビタミンの不足によるものである」と発見するのは少数の人であって、大多数の人は、そうは考えないわけなんだよな。

だから、多数決と真理とは合うものではない。民主主義が真理に基《もと》づいたものだと考えるのは早計である。むしろ、多数決を害するような強硬《きょうこう》なことを言う者を除《のぞ》いたほうが、楽になる傾向《けいこう》はあるな。

A―― なるほど。

ソクラテス　アテネは、「サラミスの海戦」で勝ったけれども、私の時代には荒廃し、それから、ギリシャ諸国も、没落《ぼつらく》のなか、長い戦争を戦って、最後、「（アテネ側は）スパルタに敗れる」という経験をした。

そのあと、「民主主義を死守するかどうか」というような議論があり、そのなかでの話なのでね（注。ペロポネソス戦争後、アテネでは寡頭《かとう》政治が敷《し》かれたが、それが崩《くず》れたあと、ソクラテスの裁判が行われた）。

その民主主義なるものについて、プラトンは、最悪とは言わないものの、「衆《しゅう》愚政《ぐせい》に転落したら、かなり悪いものになる」と考えた。

残虐《ざんぎゃく》な悪王が出てくるのが、いちばん怖《こわ》いことは怖いけどね。

民主政は、それに比べればましというか、「自分たちの判断によって自分たちが不幸になるのは、自業自得《じごうじとく》であるからして、しかたがないだろう。一人の悪王によって、国民みんなが目茶苦茶《めちゃくちゃ》にされるのはたまらないから、民主政は、これよりはましだけれども、それほどよいものではない」とプラトンは書いていると思う。

彼には、やはり、「本当は、徳ある聖人《せいじん》による政治が、いちばん理想的だろう」と考えていた気《け》はあるな。

知力に差があるというか、認識力に差があると、現実には、「多数決で決める」というのは、あまりにも虚《むな》しいものではあるんだよ。

今の日本でも、同じことが行われている。

だから、おたくの総裁が異論を言っても、必ずしも受け入れられない。本を出しても、それは多数の本のなかの一つだろうし、政治的に意見を言っても、烏合《うごう》の衆《しゅう》が五百人集まって議論し、「ああでもない。こうでもない」と言って、間違った判断をする。

何百万部を誇《ほこ》る新聞や、何十万部を誇る週刊誌等は、いつも、だいたい、（あなたがたの言論とは）反対のことを書けば、よく売れる。これは本当に変わったことだけれども、「多数を占《し》める」ということは、それが「常識」なのだろう。あなたがたの言論が多数を占めることは、めったにあるものではない。あなたがたが言うことは、「虻《あぶ》の一刺《ひとさ》し」にしかならない。だけど、刺しているうちに、あなたがたを「危険」と見て、みんなで刺しに来ることだってある。そういう意味では、現代は私の時代と似通《にかよ》った時代かもしれないね。

宗教や哲学《てつがく》では「実験科学的な確認」ができない

A――　今、「真実」ということについてのお話が続いていると思うのですが、先ほど、科学についても少し言及《げんきゅう》されました。

ソクラテス　そうそう。

A――　科学的真実においては、「実験での検証可能性」が問われ、「ほかの人によって検証されない場合には、なかなか認められない」ということになります。

先ほどソクラテス先生がおっしゃいました「魂の健康」、あるいは「魂の真実」ということを考えたとき、この「検証」というところを、哲学《てつがく》として、どのように追究していくべきでしょうか。

ソクラテス　文系として、宗教とか哲学とかいうものは、実験科学的に、「誰《だれ》が何度やっても同じようになる」というかたちで確認できるものではないね。

「コーヒーに砂糖を入れれば甘《あま》くなる」というのは、誰がやっても、いちおう、そうなるわけだけど、「これをやれば必ず幸福になる」というようにはならない。

だけど、科学的なものについては、今、「誰がやってもそうなる」ということを求める傾向は出ているわな。

私は、「迫害《はくがい》された」ということに結果的にはなっているわけだけど、私の考えではないものまで私の考えにして迫害された面もある。

いわゆる「科学者的哲学者」かな、アナクサゴラス（注。小アジア出身でアテネに移り住んだ自然哲学者。「物体は限りなく分割《ぶんかつ》されうる」「太陽は灼熱《しゃくねつ》した石である」などと説いた）とか、そういう人たちが、太陽を「燃えている土の塊《かたまり》」のように言ったり、ほかの星についても、「石ころのゴロゴロした、土の塊だ」というようなことを、科学者的に言ったりしていた。

まあ、当たっているんだけどね。のちの天文学から見れば、そのとおりなんだけど、そんなことを言う人もいて、その言説《げんせつ》まで私のほうに入れられた。

要するに、私の側からは「無知蒙昧《むちもうまい》」と言うべきかもしれないけれども、人々からは、そのように見られていたところがある。あなたがたの時代で言えば、「宗教なら、みんな間違っている」というような考えと同じだね。

「神がつくった世界に、そんな不完全なものがあるはずはない。神がつくった世界は芸術的で完璧《かんぺき》であるはずだからして、そんな不完全な星や太陽があるわけはない」と、当時の人たちの多数、九九・九パーセントは思っていた。

天文に関して、当時の人々の知識は、今、君たちが認識しているようなものではなかったわけであるからして、そういう人たち（アナクサゴラスなど）は、本来、みんな捕《つか》まったりして、殺されなくてはいけないはずであるけれども、そういう人たちの分まで私が引き受けた面はあったようではあるな。

要するに、「奇妙奇天烈《きみょうきてれつ》な言論は、すべてソクラテスから発信されたものだ」と理解される気《け》があってな。

人間は「完全なもの」を求めやすいが、現実は実に不完全なもの

ソクラテス　人間は完全なものを求めやすいんだけど、現実は実に不完全なものなんだよ。

信仰には、ともすれば、無謬説《むびゅう》というか、「すべて完成されたもの」を求める傾向はあるのだけれども、やはり、現実のものは、そうではないわな。

人々は、例えば、「エロスの神の美は、完成されたものでなくてはならない」というように思い込《こ》む。しかし、実際の人間の男女関係や女性の美を追究していくかぎり、君たちの前で言うのは実に失礼に当たるかもしれないけれども、「完成された美」というものを取り出して、見せることはできないよね。

人々は、完成された美を、むしろ大理石の像のほうに見たのであって、生きて

いる女性のなかには見ていないわね。

だから、「科学」という言い方が、もし、「言論による論証」ではなくて、「事実による論証」ということであるならば、必ずしも私にとって有利なものではなかったかもしれない。

それだけの証明をする材料が十分になかったし、あの世の世界についてもずいぶん説いたけれども、やはり、それを手に取って見せるわけにはいかないからね。

魂だって、見えるわけではない。私には見えたけどね。私には魂は見えたし、あなたがたが言う、「体外離脱《たいがいりだつ》」「幽体離脱《ゆうたいりだつ》」かな、「体外に出て霊界《れいかい》を見てくる」という経験もしたことはある。

しかし、それは、経験しない人にとっては絶対に分からないものであって、あくまでも比喩《ひゆ》として説明する以外にはないわな。

だから、「これを、いかに言葉において論理的に述べ、説得するか」ということになるわけだけどね。

そのように、「自分の側が説得する」というやり方もあるんだけれども、私は、それよりも、「現実にある、いろいろな間違った考え方の皮を剥《は》がしていく」というような仕事のほうを中心にやったために、嫌《きら》われた点はあるわな。

今、あなたがただって、ときどきやっているようだけど、既成《きせい》の権力の間違ったところ、学説の間違ったところや大学者たちの間違ったところについて、皮を剝がしていくと、基本的には憎《にく》まれるわね。だから、加減が大事なところはあると思う。

A――　なるほど。ありがとうございます。

「価値中立」の立場の学問には、真理を探究する気がない

A――「真実」ということと関連して、「善悪」ということもあるかと思います。先日（二〇一一年十二月八日）、岸本英夫《きしもとひでお》という学者の宗教学についての検証もございましたが（前掲《ぜんけい》『悲劇としての宗教学』参照）、最近の学問の傾向として、「価値中立」といいますか、価値というものをあまり判断しないで、フィールドワーク的に現象をただ写すだけのような学問が蔓延《まんえん》していると思うのです。

そのあたりについてのお考えを、ぜひお聴《き》かせいただければと思います。

ソクラテス　それでは、もうすでに、「真理を探究する気がない」ということになりますよね。そういうことでしょう？　「あるがまま」ということでしょう？

A――　はい。

ソクラテス　あるがままに、客観的に描写《びょうしゃ》するわけでしょう?

例えば、「部屋の広さは、このくらいで、これだけの数の人がいて、そのうち、男性が何人、女性が何人いて、霊が降りてきて話すことを、ボーッとして聞いている」という現象を、あるがままに叙述《じょじゅつ》し、「そういう人たちも世の中にはいる。そういう宗教現象なるものを信じる人もいることを私は見た」と書く。

それで終わりなんだろう?

A――　はい。

ソクラテス　そして、それが正しいかどうか、確認する手段は何もないので、あくまでも自分を傍観者《ぼうかんしゃ》の立場に置いておく。

これはどういうことかというと、これこそ、まさしく「責任の回避《かいひ》」だろうな。

そういう意味では、「この世にもあの世にも足場を置いていないように見せつつも、結果的には、この世で自分の生活の糧《かて》を守るほうに足場はある」と見たほうがよいのではないかな。

「霊《れい》はない」と証明するには膨大《ぼうだい》な作業が要《い》る

ソクラテス　勇気を持っている宗教学者が、「あの世はない。霊《れい》はない」と、はっきりと断定してごらんなさい。これには、すべての宗教を、全部、反駁《はんばく》し、皮を剝がし、全部がインチキであることを証明していかなくてはならない。これは、ものすごく膨大《ぼうだい》な作業ですよ。

A――　確かに、そのとおりです。

ソクラテス　「釈迦《しゃか》は、無我《むが》説を説いて、『霊魂《れいこん》なんかない』と言った」と言うのは簡単だけれども、釈迦の言説のなかには、あの世がなかったら存在できない言説は、たくさんあるわけだから……。

A――　はい。ございます。

ソクラテス　「これは、全部、戯言《たわごと》で、人々を騙《だま》すために言った方便《ほうべん》だ」と証明ができるかといったら、できはしないのであって、自分の好みのことを言っているだけにしかすぎないだろうな。

「ソクラテスは、あれだけ魂について言っているけれども、本人が話したものがテープレコーダーの録音で遺《のこ》っているわけでもなければ、本人が書いたと信じられる書籍《しょせき》があるわけでもない。弟子のプラトンが、ソクラテスが言ったかのように書いたので、フィクションである可能性もあるということで、哲学者を名乗りながら、ソクラテスが説いた、「魂」だの「あの世」だのをまったく一顧《いっこ》だにせず、そんなものを全部外して、〝残りの部分〟だけを探究する人もいる。

アリストテレスは、霊的なものを完全に捨象《しゃしょう》してしまい、この世の学問にもかなり手を伸《の》ばしたからね。彼は「万学《ばんがく》の祖」とも言われているし、そういう人の哲学等を見たこともあるだろう。

しかし、体験があった者と、ない者との差は、歴然としたものだ。ソクラテス、プラトンは霊的体験を現実にしている。アリストテレスはしてはいない。だから、同じ教えを受けても、自分が体験した者と、していない者との差は歴然としていて、いかんともしがたいものはあるね。

そして、人には、やはり、「自分が体験したもののほうを受け取り、自分が経験していないものは受け取らない」という傾向があるわけだな。

「この世の価値観」と「あの世の価値観」は、よく逆転している

A――　そういう意味では、「未来の学問」を考えたとき、霊的体験を少しなりとも経験することは、非常に大事でしょうか。

ソクラテス　はっきり言えば、「あの世の価値観」と「この世の価値観」は逆転していることが多いわけだ。一致《いっち》する場合もあるけど、逆転していることが多い

ため、幸福になるべき人は不幸になり、不幸になるべき人は幸福になることも、この世では起きるわけね。

だから、「神様は意地悪《いじわる》なのかどうか」ということを疑ってかかると、難しいことにはなる。

あなたがたの考えによれば、「この世は、学校的な存在、『魂の学校』である。霊的な世界を実際に見たり聞いたりして体験することはできないけれども、『肉の内に宿り、物質のなかに生きながら、霊的な世界を見たり聞いたりして感じたことと同じような人生観を持って、生き抜《ぬ》けるかどうか』が試《ため》されていて、そういう生き方のできた人が徳のある人であって、死後の世界もまた保証されている」ということだよね。

それを信じない人たちは、「あの世というものは詭弁《きべん》で、人を騙《だま》す考え、この世の不幸を隠蔽《いんぺい》するための考え方であり、この世でうまくいかないときに、あの世に話を持ってきて、『死んでから、あの世ではよくなりますから』と言う。これは、この世の不満を封《ふう》じ込める、為政者《いせいしゃ》の欺瞞《ぎまん》だ」というように捉《とら》えるわけですよ。

為政者が、使いやすい〝宗教〟を使って人々を洗脳し、次のように言う。

「この世の不幸は、あの世の幸福につながるから、この世で、あなたがたが苦労し、うまくいかないのは、あの世の幸福のためである。

また、この世で、あなたがたが、身分や経済的な格差によって苦しんでいるのは、前世《ぜんせ》における罪、カルマの刈《か》り取りのために、現在、このような苦しみがあるわけだ。

不況《ふきょう》の責任などでは決してなく、あなたがたは苦しむべくして苦しんでいるのである。前世で金を儲《もう》けすぎて、ほかの人をいじめたために、今回、貧乏《びんぼう》になり、借金に追いまくられて苦しんでいるのだ」

このような感じで、為政者にとって都合《つごう》のいいように使える面も、ないわけではない。

歴史的に、宗教には、そう使われた場合もあるのでね。だから、「世界を、この世だけで完結したものとして見て、この世だけでの幸福論を考えるのが、やはり人間の幸福に資する」と考える人もいるわけです。「死んでから先のことなど分かるものか。分からないもののために、やっていられるか。明確に分かっている人生、残りあと何年か何十年と分かっている人生だけにおいて、いい生活をし、尊敬されて、楽しく生きられたら、やはり最高であって、その後、どうなるか知ったことか。死後があったら、そのときに考える」という人が、はっきり言って主流だわね。

実際、あなたがたも、この世的な成功のほうに目がいき、それを尊敬することも多いよね。

牢《ろう》から逃《に》げていたら、ソクラテスの名は遺《のこ》ったか

A――　ただ、ソクラテス先生が身をもって示されたように、「そうではない真実が確かにあるのだ」ということを私たちは受け止めて、これからも頑張《がんば》っていきたいと思っております。

ソクラテス　少なくとも、私はバカみたいであっただろう。「三百六十人以上の陪審員《ばいしんいん》が賛成したために死罪になって、そのあと、一カ月間も、逃《に》げる機会があったのに、逃げなかった。妻も子供もいるのに、自分で毒杯《どくはい》を仰《あお》いで死んだ」というのは、バカみたいなことである。

それをしないで、弟子たちが準備してくれた船に乗っていれば、牢《ろう》のすぐ近く

には海があったので、逃げ延びることができたのです。

しかし、「もし逃げていたら、ソクラテスの名が遺《のこ》ったかどうか」ということを考えると、たぶん遺らなかったであろうと思われるんだな。

だから、「私には、そういう不滅《ふめつ》の真理が見えていたけれども、周りの人には見えていなかった」ということだ。

悪妻として有名になっている方は、かわいそうではあるけれども、「まあ、かあちゃんや子供のことなんか、考えていられるか」ということであって、やはり、「二千五百年間、哲学を遺すことのほうが、はるかに大事である」ということだ。

（Bを指して）傷ついたら、許したまえ。あなたの仕事（エンゼルプランV）とは、たぶん、合わないであろう。哲学をやった人（B）が、その正反対のことを、今、やっているかもしれないので、気の毒ではあるとは思うけれども、そういう非情な男が、この世には、一部、存在することを許したまえ。まあ、そういう人もいるのだ。

A——　ありがとうございます。

5 「信仰《しんこう》と学問の両立」に向けて

学問には、「あらゆる角度から探究していく態度」が要《い》る

C―― 先ほどアリストテレス様のお話も出たのですが、アリストテレス様以降、哲学《てつがく》も、この世の問題を扱《あつか》うようなものになり、その流れから、唯物《ゆいぶつ》的な学問の流れが生まれてしまったかと思います。

また、ドイツにおいても、ヘーゲル様は、哲学によって神を語っていらっしゃいましたけれども、その後の流れを見ますと、どうしても学問は唯物論的なものに流れていっております。

ただ、幸福の科学大学で、「人間幸福学部」という学部を開くに当たっては、

やはり、「信仰《しんこう》と学問、霊的《れいてき》なものと学問とを切り離《はな》さず、学問的に検証していく」という、新たな学問のあり方を、つくり出さなければならないのではないかと思っております。

理系においては、「未来の科学は霊界《れいかい》科学である」ともお示しいただいていますが、文系の学問でも「霊的な学問」の道を開くに当たっては、どのようにしていったらよいのか、ご教示《きょうじ》いただければと思います。

ソクラテス　日本は特にそうかもしれませんが、この世の大多数の人々は、やはり、目に見えるもの、手に感じられるものしか信じられないし、それからまったく切り離されて生きるわけにはいかないのも事実であろうと思う。

逆に、歴代の宗教家たちが、この世を否定的に捉《とら》えたり、物質的なものを否定したりしたのも、霊的になろうとする試みの一つであったことも事実ではあろうと思う。

あなたがたは、いちおう、この世とあの世の両方を貫《つらぬ》く幸福を求めておられるのだろうとは思うが、「信仰なるものの正しさの証明」や「宗教的な真実の証明」は、やはり、なかなか、それほど簡単なことではない。

あくまでも文系的な学問として求めるのなら、やはり、「徳の完成」というか、徳なるものを追究していくことが大事だろうし、〝徳の果実〟が「善」だろうと思うな。

徳ある人間として生きた果実より生まれるものが善なるもので、善と悪とを区別するなかに、宗教的な価値判断は生まれてくると思う。

しかし、今、「善と悪とを区別する」ということは、極《きわ》めて難しい、困難なことだね。

「儲《もう》かるか、儲からないか」という判断はできるかもしれない。「黒字か、赤字か」の判断はできるかもしれない。

あるいは、「偏差値《へんさち》の高い大学か、そうでないか」ということは言えるかもしれない。「お金持ちの子供が集まる学校」と「不良の子が集まる学校」というような区別はできるかもしれない。

歯科医院について、「腕《うで》のいい歯医者」と「腕の悪い歯医者」の区別はつくかもしれない。「そこへ行けば、きれいになるパーマ屋」と「きれいにならないパーマ屋」の区別は、あるいは、つくかもしれない。

そういうものはあるかもしれないけれども、やはり、「善悪を分かつ」ということを、一つの果実として求める学問は、なかなか成立しがたいものであるわな。

宗教においても、ほとんど「信じなさい」で終わっているものはあるけれども、学問として成り立たせようとするならば、やはり、「あらゆる角度から、研究、探究していく態度」を持っていくことが大事だろうな。そのへんでしょうね。

「思想の自由市場《しじょう》」が抱《かか》える問題点

ソクラテス　だから、この世の人が見たら、不思議なわけよ。まだ、キリスト教は、少なくともキリスト教圏《けん》においては、この世の多数というか、優位を占《し》めていて、勝《か》っているけどね。まこと不思議な話で、「この世において敗れたる人が、天上における主《しゅ》である」という考え方は逆転しているよね。この「逆転している」ということ自体が、ある意味で、「霊的だ」ということなんだけどね。

「そういうことを素直《すなお》に信じなさい」と言うだけでは学問にはならなくて、それを学問にしようとしたら、文献学的《ぶんけんがく》なものにしてしまうことがほとんどだわね。聖書学《せいしょ》、あるいは、伝統的な『聖書』を研究した人の学問をやるようなことになるし、それには訓詁学的《くんこがく》な面はかなり強くあるわな。

宗教も、そのようになって、文献研究などになってしまうことは多いな。

「歴史と思想は違《ちが》う」という考えもあるし、特に文系では、歴史でも発掘《はっくつ》などが始まってからは、「証拠《しょうこ》がなければ信じない」という感じのものが多くなってきたわね。

思想だけでは信じなくなり、「実証性」というのかな、そういうものが必要になった。それには、前進した面もあるのかもしれない。

しかし、思想の自由市場《しじょう》においては、「何が正しいか」ということは分からないことも多く、それが同時代に分かれば、本当にありがたいことであってね。

あなたがたも、今、思想戦をたくさん展開しているであろうと思うけれども、数だけで見れば、日本には一億人余りしかいないし、そのなかで、あなたがたの言説を信じる人のパーセンテージは、さらにずっと低くなる。

一方、隣《となり》の中国というところでは、十三億以上の人口がいて、公式には思想的に一元管理されている。当局というか、上の権威《けんい》が決めたことに逆《さか》らうことはできない。「個人として水面下でどうであるか」は別として、表立っては、それに逆らって生きてはいけない。

「十三億人をまとめることができる思想」対「一億人のなかの一部しか信じる人がいない思想」との思想戦において、民主主義的に戦ったら、向こうのほうが勝つかもしれない。そういうことはありうるわけだよね。

だから、同時代においては、厳しいことがあると思う。

「真理の側に立つ人」が必ずしも多数ではない

ソクラテス　「数や支持率において競《きそ》わせる」という、現代の傾向《けいこう》から見ると、現代における〝真理〟は、「数がすべて」「支持率がすべて」ということになっているんじゃないか。

どちらかと言えば、〝マスコミ的真理〟は、数か支持率だな。そういう数字をもって真理としている面は多い。

だけど、「真理の側に立つ人が必ずしも多数ではない」ということだ。

さらに、人間には、「幸福にならんとして不幸を選び取る動物である」という面もまたあるわけだなあ。

ちょうど、ナチスに迫害《はくがい》されて、ガス室に送られるユダヤ人のように、大勢が列車に乗り、「どこか幸福な天地に連れていってくれるのか」と思って乗ったかどうかは知らないけれども、身につけていた貴金属を剝《は》ぎ取られたあたりで、だいたい先が読めなければ、おかしかろうな。

そういうことがあるので、この世では、多数を押《お》さえている者が、必ずしも

「善」とも「正義」とも「徳がある者」とも言えないと思う。

文系の学問の主眼《しゅがん》は「善悪を分けること」

ソクラテス　少なくとも、「死後の世界」を認識しないでは、本当の意味での善悪は、やはり分からないと思う。

「天国・地獄《じごく》」と言ったら、今、学校で笑われるのではないかと思われるがな。でも、天国・地獄が分かれている理由を追究しなければ、やはり、善悪は分けることができないし、特に文科系の学問は、「善悪を峻別《しゅんべつ》する基準」をつくっていく学問だと思うんだよな。

理科系的に「善悪を分ける基準」を探究するのは難しい。理系の学問には、善悪のどちらにも奉仕《ほうし》する可能性があるので、それは、どちらにでも使える。科学的な技術は、それを使う人の心次第《しだい》で、善にも悪にも、どちらにでも使えるようにはなっている。

それはそうだわな。例えば、拳銃《けんじゅう》一つ取っても、警察官が使うことも強盗《ごうとう》が使うこともできるけれども、拳銃をつくるには、やはり、科学的な技術が必要だわね。拳銃は善にも悪にも使える。

核《かく》ミサイルだって、いろいろなところがつくれるけど、「それが善なのか、悪なのか」ということは、使う人の「考え方」や「価値観」、「徳の問題」と関連してくることに必ずなるだろうな。

だから、文系の学問は、果実としての善悪を分けること、あるいは、「善とは何か」を果実として示すことができるところに、やはり主眼《しゅがん》を置かねばならず、そのための幾《いく》つかのアプローチの仕方を考えていく必要がある。

それには、「哲学における真理」「宗教における真理」もあれば、あるいは「科学における真理」もあるかもしれないし、「歴史における真理」「文学における真理」など、いろいろなものがあるだろうけれども、そういうものを探究していくことが大事だな。

「それが幸福とどう連動するか」ということは、また難しいことだ。だから、「善悪の善は即《そく》幸福であるかどうか」ということは、これは、なかなか分からないことにはなる。

例えば、「嘘《うそ》をつく」ということは一般《いっぱん》的には悪である。しかし、今は変わっているかもしれないが、昔、「ガンに罹《かか》れば、人は必ず死ぬ」と思われていた時代であれば、医者は、患者《かんじゃ》がガンであっても、「ガンではない。潰瘍《かいよう》だ」と言ったりすることがある。「これが悪かどうか」ということは、難しいことではあろうな。

あるいは、古代の中国の話であれば、「自分の親が罪を犯《おか》したときに、それを隠《かく》す子供の行為《こうい》は、善なるか、悪なるか」ということは、一つのテーマになると思うけど、やはり、なかなか難しいものはあるだろうね。

だから、こういう難しいところを探究していくのが、やはり文系学部の使命だろう。

「人間の幸福とは何か」を想定しつつ、研究していく

ソクラテス　「幸福を、最後は何に求めるか」ということは実に難しいが、極端《きょくたん》まで走る人には、要するに、死をもって幸福とする人もいることはいる。そこまで、あなたがたが求めるのかどうか、私は知らない。そこまで求めるかどうか。
虻《あぶ》や蜂《はち》には、一刺《ひとさ》しして相手を死に至らしめることもあるのかもしれないが、「針を刺したあとは自分も死ぬ」と言われてもいる。そこまでして刺し違えるこ

とをもって、幸福と感じるかどうか。それは分からないね。

でも、「正義」と思ったことを実現するためには、「死もまた辞《じ》せず」という考えも、あるいはあるのかもしれないし、少なくとも、「臆病《おくびょう》であるよりは勇気ある者でありたい。生きることより、『勇気ある者であった』と言われることのほうが幸福だ」という考えもあるであろうな。

また、「悪に屈服《くっぷく》して生きながらえるよりは、善のために死すことを辞さない」という考えもあろうかな。

あるいは、「聖人の条件として、人の命を救うために、己《おの》が命を捨てる。神の心に生きる」という人もいるかもしれないね。

だから、このへんは難しいと思うので、さまざまな角度から研究を行い、偉人《いじん》の歴史や、いろいろな学問の歴史などを研究し、探究していくといいね。「人間の幸福とは何か」を一つ想定しつつ、研究していくといい。

「この世的なもの」も入ってはくるだろうとは思うけれども、「あの世的な視点」を、あくまでも忘れないことが大事だね。

6　ドイツ観念論哲学《てつがく》とその後

「現代の哲学科《てつがく》」の実情を聞き、〝鳥肌《とりはだ》〟が立つように感じたソクラテス

ソクラテス　（Bに）もう少し言いたいことがあるんだろう？　どうぞ。

B――　ただいま、哲学《てつがく》のことについて、縷々《るる》、お話を頂いたかと思います。

私自身も、「真実とは何か」を、世界の真理を求めて、哲学科に入りましたけれども、私が現代の大学で学んでおりましたときには、残念ながら、真理を真に探究している学者、教授は、ほとんど見受けられなかったかと思います。

ソクラテス　フフフフフ。ハハハッ。ハハハハ。厳しいな。

B――　言ってしまえば、〝飯《めし》の種《たね》〟の哲学になっていたかと思います。

ソクラテス　厳しいな。

B――　今、ソクラテス先生がおっしゃったような、「己《おのれ》の魂《たましい》の健康のために、善を求め、徳ある生き方をし、正義を貫《つらぬ》いて死す」というような考え方の先生には、ついに出会うことはできませんでした。

ソクラテス　うーん。君の話を聞いていたら、私は〝鳥肌《とりはだ》〟が立ってくるんだよ。

B――　申し訳ありません（会場笑）。

ソクラテス　何だろう。この鳥肌は何だろう。全哲学者の怨《うら》みか、あるいは悲しみか。何だろう。哲学二千五百年の怨みか、私への怨恨《えんこん》か、何かは知らぬが、鳥肌が立ってくるものを感じるな。

B――　申し訳ございません。

ソクラテス　うーん。

ドイツ観念論哲学《てつがく》は「人間が神になろうとする思想」

B――「ソクラテス先生は、ドイツ観念論哲学《てつがく》についても、天上界《てんじょうかい》よりご指導されていた」と学ばせていただいております。

ソクラテス　うん、うん。

B――ただ、残念ながら、そのあとを継《つ》いでいった、「新カント学派」の人たちは、哲学を本当に「この世的なもの」にしてしまった人たちであったかと思います。

もう一度、哲学を哲学ならしめるために、真に、「神」や「あの世の真理」「真実」「真の知」というものに向かっていく哲学にするために、私たちがつくろうとしている幸福の科学大学にできることがあれば、お教えいただけたらと存じます。

ソクラテス　でも、結局、私とプラトンの代が終わってからあと、すぐ変わっていっているのを見れば、「霊的《れいてき》なるものは、やはり、それを体験しているか、体験を共有できている者の間では信じられるが、そういうことが経験できなくなると、すぐ忘れ去られるところがある」ということだね。

そういうことがあり、学問として確立するのは、そうとう難しいことであるために、あとは、「ただ信じる」というだけの作業になるが、その「信じる」ということだけだったら、それでは行為《こうい》として終わってしまい、学問的作業が成り立たなくなってくる。

それで、何か作業をしたくなって、作業をしているうちに、何をしているのかが分からなくなってくる（笑）。

「頂上に上がろう」と思って山に登っているうちに、途中《とちゅう》で、山の頂上に登ろうとしていたのを忘れてしまい、「あ、ここに、こんな食べ物がある」などということに関心が向く。「ここにイチゴがあった」とか、「ここに山芋《やまいも》があった」とか、「あそこに面白《おもしろ》いヤギがいた」とか、「あそこに面白いウサギが走っている」とか、そちらのほうを追いかけ始める。

学問の分化が起き、学問が分かれていくのは、そういうことだ。頂上に行くのを忘れ、途中で見たもののほうに魂を奪《うば》われていったのが、哲学の歴史だわな。そういうことはあると思う。

ドイツ観念論哲学は、ある意味で、「人間が神になろうとする思想」とも言われているし、それには、そういう面もあったかとは思うね。

一方では、産業革命のころから、この世的なもの、唯物論《ゆいぶつろん》的なものが非常に発展していった。

これはこれで、神のつくられた世界を人間の力で解明し、その理由と再現性を求めていったんだろうと思う。

鉄道を敷《し》き、大勢の人を乗せて運べば便利で、経済活動は活発になることもある。

一方、観念論哲学は、その正反対であり、それ自体が役に立つものではないんだけれども、形而下《けいじか》のこと、この世的なことにはかかわらないで、どこまでも、形而上学というか、「いかに人間は精神的になりうるか」ということを、徹底《てってい》的に追究していったものだよな。

そういう思弁《しべん》的なものだけれども、この世的なものにかかわらないで、精神的なものを追究していき、神に近づこうとした動きであったので、その意味では、唯物論の引力に対する一つの斥力《せきりょく》というか、反発する力として、考えられたものではあったんだ。

ヘーゲル哲学《てつがく》を〝飯《めし》を食う哲学〟に変えようとしたマルクス

ソクラテス　ただ、どうしても、先ほど言っていたように、「哲学《てつがく》では飯《めし》は食えぬ」ということもあって、「飯を食っていくためには、この世に、何かかかわらなければいけない」ということになり、飯を食うための学問にしようとする人間は、やはり出てくる。

飯を食おうとして、ヘーゲル哲学を〝飯を食う哲学〟に変えようとしたのが、カール・マルクスという人だよな。

観念論の高みまで昇《のぼ》ったものを、今度は、すべての労働者の哲学にしようとしたら、どうなったか。「すべての人が飯を食べられるようにする」という哲学に翻訳《ほんやく》したら、ああなったわけだ。

要するに、「この世には、お金持ちが存在する。誰《だれ》にとっても一日は二十四時間しかないのに、ある者は巨富《きょふ》を築き、ある者は貧乏《びんぼう》にあえいでいる。それは、うまいことをやって金を稼《かせ》いでるやつがいるからだ。貧乏な人は搾取《さくしゅ》されているのだ。時間当たりの労働価値は同じなのに、一人のところに、ものすごいお金が集まってる。だから、そこから取り戻《もど》して分配すればよい」というような哲学に行った。

観念論哲学を小分けし、細分化して、みんなが食っていける哲学に変えようとしたわけだね。

彼は、それを「救済だ」と思っていたかもしれないし、仏教で言う、「上求菩《じょうぐぼ》提《だい》」に対する「下化衆生《げけしゅじょう》」の気持ちがあったのかもしれないと思うけれども、観念論哲学の本質は、結局、「神に近づいていくこと」であるからして、大衆にとっては遠いものであったことは事実なので、その弱点に、足をすくわれたところはあるわな。

今は「すべてを包摂《ほうせつ》するもの」を必要としている

ソクラテス　ただ、その哲学のもう一つの面も、やはり見逃《みのが》してはならない。

中世までは、確かに、「教会に支配された暗黒時代」と言われているけれども、哲学が出て、神学と切り離《はな》していった。「神学」がすべての学問までチェックしていた部分を、「哲学」が入ってカントが切り離したことによって、「科学」が自由に発展できるようになった面はある。

それには、ある程度、神が容認されたところはあるのではないか。この世には、多くの人口を養うために、「科学技術的な発展」が必要である時代がやってきたので、「哲学」を一枚なかに入れることによって「神学」と切り離したことには、神自身のご意志も働いていたのではないかと思われる。

ただ、科学が発達したことによって、大勢の人が食べていける世の中になったことは事実だけれども、同時に、それを束《たば》ねて、信仰《しんこう》ある国家や世界にしていくためには、大きな力が必要になってきたわけだね。

二千年前や二千五百年前の古びた宗教では、現代人の心はつかめなくなってきたために、現代に対応できる、あるいは未来に対応できる、新しい宗教が必要になってきた。

その「新しい宗教」は、実は、宗教であると同時に、哲学の祖であるソクラテス的なものを含《ふく》んだものにならざるをえないということだな。

そういう意味では、現代における間違《まちが》いを暴《あば》いていかねばならない側面も持っている。「みんなが常識と思っていること、当然と思っていること、この世的に善と思っていることのなかに、悪が潜《ひそ》んでいる」ということを、明らかにしていかねばならない面もある。

だから、「あの世を信じている者の善悪」と、「あの世を信じていない者の善悪」が、完全に合致《がっち》することはありえない。この世的な意味での、物質関連の幸福においては、重なり合うところがたぶんあるだろうけれども、それを外しての幸福論については、合わないところが、どうしても、必ず残るであろうな。

これに耐《た》えなければならない。

だから、今、少なくとも、「すべてを包摂《ほうせつ》するもの」を必要としていることは間違いない。

観念論哲学は観念論哲学であって、それ以上のものではなかったけれども、それから生み出されてきたものは、必ずしも、よいものばかりではなかったと思う。

「マルクス主義」もあれば、「ナチズム」も出てきた。

観念論哲学が、国家を、一つの哲学体系としての生き物のように捉《とら》えていくと、ナチズムができてきて、ちょっとした、ビヒモス、リヴァイアサン的な存在になったことは事実だろうね（注。ビヒモスは陸の怪獣《かいじゅう》、リヴァイアサンは海の怪獣で、共に『新約聖書《しんやくせいしょ》』の「ヨハネの黙示録《もくしろく》」に出てくる）。

だから、「本当は、一つの虚構《きょこう》、フィクションである国家という存在が、人間よりも優越《ゆうえつ》する」という考え方ができてきたし、「国家のためなら、個人の幸福は犠牲《ぎせい》にされても構わない」というような考え方は、姿を変えて、今も存続しているものだと思うけどね。

「観念論哲学には、そのように姿を変えた面があるのではないか」という気がする。

人間幸福学部が「新しい哲学《てつがく》」を生むかもしれない

ソクラテス　そして、この世的な人は、「プラトンが考えたような、理想の哲人《てつじん》王は、この世に生まれたことがあるのだ。その理想の哲人王とは、レーニンやスターリンのような人のことを言うのだ。レーニンやスターリンのようなかたちで出たのだ。その結果、たいへん不幸な国家が数十年にわたって続いたのだ」と考えたりした。

レーニンやスターリンは確かに思想を語ってはいました。また、毛沢東《もうたくとう》も、ある意味では、哲学者と言えば哲学者なのかもしれない。しかし、それは「幸福」であったかどうか、問われてはいるわね。まあ、皮肉は、いろいろなところで出てくるので、しかたがないねえ。

あなたがたの仕事としては、〝一刺《ひとさ》し〟し続けざるをえないかもしれない。週刊誌に〝一刺し〟されつつ、向こうにも刺し返す。どちらの〝毒針〟のほうが深く届くか（笑）、やり返しているような状況《じょうきょう》かな。

なかなか結論が見えるものではないけれども、一定の方向に向けて努力し続けることで、新しい学問ができてくる可能性はあるし、人間幸福学部そのものが、「新しい哲学」を生むことにもなるかもしれない。

宗教そのものは、すでに宗教団体として存在しているので、あえて大学をつくっていくとするならば、学問的アプローチを兼《か》ねての「人間幸福学」というものを探究していくことが大事だな。

どこかで〝転落〟するかもしれませんが、「根本《こんぽん》精神」を忘れないようにしたほうがよいだろうと思うな。

〝東洋のギリシャ〟としての日本

ソクラテス　哲学者も、あなた（B）が言うように、悲しい哲学者の山だけれども、現在、生きているのは、哲学者ではなくて「哲学史家」、もしくは「ギリシャ語学者」なんですよ。本当に希少《きしょう》な人種で、もう要《い》らなくなる。

ギリシャという国家自体も、今は、もう、EU（欧州《おうしゅう》連合）のなかから消え去ろうとしかかっているようなものだね。これを収録している今現在、ギリシャは、もはや、最期《さいご》を迎《むか》えんとするときの「末期《まつご》の水」を求めているような状況だ。ヨーロッパ各国の財務大臣たちが集まって、救済するかどうか相談して、「やはり嫌《いや》だなあ」とみんなで言っている。

ギリシャは、国債《こくさい》の償還《しょうかん》ができないため、国家として破綻《はたん》するかどうかの瀬戸《せと》際《ぎわ》に来ているような状況だが、これが「ソクラテスの最期」と同じとなるかどうか、見物《みもの》だな。

日本はギリシャを買収してしまったほうがよいのではないかな。そうすると、〝東洋のギリシャ〟としての日本は、西洋のギリシャをも救うことができるが……、これは余計なことを言ったかな。まあ、余計なことを言ったかもしれない。

そういう意味では、現代では経済学もまた必要であろうし、経済に失敗すれば、「個人の不幸」と「国家の不幸」まで起きてくるのであろうから、あなたがたの学問対象のなかに、そういうものも入っているのは、必要なことであろうとは思うけどね。

国家の〝消滅《しょうめつ》〟には、やはり厳しいものがあるわな。

ソ連邦《れんぽう》も、結局、それで消滅したわけだからね。軍拡競争をアメリカとやっていたけど、結局、軍事予算の増大で経済的に破綻し、もう競争できなくなって、パンクした。白旗を揚《あ》げた直後に帝国《ていこく》は解体してしまった。そういうことがある。現在では、経済の失敗で、国が崩壊《ほうかい》することもあれば、個人が破産し、破滅して、自殺に至ることもあるわけだから、経済にも、そういう側面は一つ出ているのかとは思うがな。

そういうものも包摂していくつもりではあるんだろうね。

「ヘルメス」と「バアル」の違《ちが》いは、どこにあるか

ソクラテス　最近出ている課題で、「ヘルメスとバアルとは、同じか、別か」ということがある。これは微妙《びみょう》なところだよね。

何に違《ちが》いがあるか。

ヘルメスのほうは、神の世界、霊界《れいかい》を明確にし、肯定《こうてい》していた。「霊界を知り

つつ、この世の繁栄《はんえい》を説く」というのは、たいへん難しいことだわな。「この世の繁栄を説いて、あの世の存在や神の存在、霊界の存在も説く」ということをやったのはヘルメスで、バアルのほうは、「この世の繁栄」のほうを中心に説いた。要するに、「金儲《かねもう》け即《そく》幸福」を説いたわけだね。

だけど、私の考えは違うんだよ。

一般《いっぱん》には、金持ちは紳士《しんし》を生むから、偉《えら》くなるわね。社会的地位も上がるし、尊敬も集めるし、何かの集まりがあれば、その代表になることも多い。特に、地方では、そういうことがあると思う。

しかし、「お金持ちであることが徳を生む」とは私は考えない。「財産家が徳を生むのではなくて、徳が財産家を生むのなら、よろしい」と考える。「徳が財産家を生む」というのがヘルメス的な考え方であって、「財産家が徳を生む」と考えるなら、これはバアル信仰になる。これが、違いなんだ。これを間違わないようにしなくてはいけない。

要するに、「この世的に裕福《ゆうふく》にさえなれば、幸福になれる」というように考えると、バアル信仰に入る。しかし、「徳を求めていくなかに経済的な繁栄ももたらされる」と考えると、これはヘルメス的な繁栄論になる。

「この世的に見れば、結果は同じではないか」という言い方もあるんだけれども、そこには、やはり一つの筋《すじ》というものがある。

例えば、「強盗《ごうとう》で五億円を儲けるのと、働いて五億円を儲けるのと、五億円は同じではないか」と言っても、やはり違うわね。

強盗をやって五億円を儲けたほうが時間の節約になる。マシンガンを手に入れ、仲間を何人か集めることさえできれば、場合によっては、あっと言う間に銀行に入り、一人も殺さなくても五億円を手に入れることも可能です。

それは、「非常に短時間で、五億円という〝最終生産物〟を手に入れる」ということにおいて、ショートカット、近道を選んだわけだ。この世的に要領がよくて、受験秀才《しゅうさい》のような頭のよさが感じられる。何もせず、銃《じゅう》を手に入れただけで、五億円を稼いだ。

一方、働いて五億円を稼《かせ》ごうとしたら、作家であろうと何であろうと大変だ。作家であれば、ベストセラー作家として、そうとう頑張《がんば》らなくてはいけないし、野球選手であっても、「五億円を稼ごう」と思ったら、そうとうの競争のなかで勝ち抜《ぬ》かなくてはいけない。

受験秀才が「五億円を稼ごう」と思ったら、なかなか大変なことであって、これは、官庁の事務次官にまでなり、さらに、天下《あまくだ》りを重ね、賞金稼ぎのように退職金をもらい続けないかぎり、なかなか稼げない額だわね。

だから、まっとうな方法で稼ぐのは難しいけど、それとは別なもので稼ぐことはできる。

ただ、この五億円は、入手方法を知らなければ同じかもしれないけれども、「犯罪による五億円」と「正当に稼いだ五億円」とは、やはり違う。

だから、「徳から財産が生まれる」という考えと、「財産から徳が生まれる」という考えとでは、ちょっと違う面がある。

私は、あくまでも、「徳ある者が財産を持つことは、正しい」と考えるけれども、必ずしも「財産ある者には徳がある」と考えているわけではない。そのへんに違いがある。

これが「ヘルメス」と「バアル」の違いであるが、結果は同じになってしまうことがよくあるので、ここを間違わないようにしたほうがいいと思うな。

A――　ありがとうございます。

ここから新しい哲学《てつがく》が始まっていく

A――非常に大事なご示唆《しさ》を賜《たまわ》りまして、未来への、将来への哲学《てつがく》の〝端緒《たんしょ》〟を頂いたような思いがいたします。

ソクラテス　「たんしょ」って、勘違《かんちが》いしていなければいいが。

A――「始め」のことです。

ソクラテス　そちらの意味だな?

A――　はい。始め。

ソクラテス　よかった、よかった（会場笑）。

A――　（笑）

ソクラテス　「欠点」の意味だったら、大変だから。

A――　いえいえ。とんでもないです。

ソクラテス　「哲学の欠点を、もう見抜かれたか」と思って……。

A――「ここから新しいものが始まっていく」ということです。

ソクラテス　ああ、そうか。始まるのならよろしい。

A――そういう思いを本当に強くした次第《しだい》でございます。

7 ソクラテスの転生《てんしょう》

エマソンに転生《てんしょう》していたのは「ソクラテスの対話相手」

A――　最後になりますが、せっかくの機会でございますので、ソクラテス先生の転生《てんしょう》について、お伺《うかが》いさせていただきます。

ソクラテス先生は、現代に、経済学者のハイエク先生としてお生まれになったことが明かされています（『未来創造の経済学』『ハイエク「新・隷属《れいぞく》への道」』〔共に幸福の科学出版刊〕参照）。

また、過去に明かされたものといたしまして、「中国の密教僧《みっきょうそう》・恵果《けいか》様として、お生まれになった」ということもお聴《き》きしております（『幸福の科学原論①』〔幸福の科学出版刊〕参照)。

そのあたりのことについて、少しだけご示唆《しさ》を頂ければと思います。

ソクラテス　あの霊言《れいげん》を録《と》ったころは一九八〇年代だったかな。あのころは、まだハイエクはあまり認識されていなかったために名前が出なくて、近いところの、知っている人の名前を出したんだと思う(注。前掲《ぜんけい》『幸福の科学原論①』では、恵果の転生に関し、「ギリシャにソクラテスとして出て、アメリカに光明思想家のエマソンとして出た」とされていた)。

A――　なるほど。

ソクラテス　ハイエクは、まだ偉《えら》くなかったんだろう。時代というものは変遷《へんせん》するのでね。

あのあと、「サッチャリズム」や「レーガニズム」が成功して、ハイエクの名は急に上がってきたけど、その前にはケインズが全盛を極《きわ》めていた。経済学は、ほとんど「ケインズ経済学」であって、ハイエクは、もはや落ちぶれた、老いぼれた経済学者として、脇《わき》に追いやられており、それほど有名ではなく、認識の射《しゃ》程《てい》の外に置かれていたため、出なかったのだと思う。

当時、私の弟子《でし》というか、近い、対話の相手の一人であったクセノフォン（『ソクラテスの思い出』の著者）のほうを、間違《まちが》えて、ソクラテスと言ったようではあるな。

A――　ということは、「クセノフォンがエマソン」ということでございますか。

ソクラテス　そういうことですな。

A――　ありがとうございます。

恵果《けいか》は空海《くうかい》のなかに「プラトン的なるもの」を見た

ソクラテス　あと、恵果《けいか》については、微妙《びみょう》に疑問が残る部分はあるだろうと思うし、私は、いちおう、西洋のほうの思想的な祖になっているので、若干《じゃっかん》、疑問を残さないわけではないけれども、魂《たましい》の傾向《けいこう》としては、似たところがある。

恵果から空海《くうかい》へと行っている、この仏教思想自体は、ある意味での「観念論哲《てつ》学《がく》」なので、空海は、ヘーゲルがやったことを、八、九世紀の日本において成し遂《と》げた。空海の『十住心論《じゅうじゅうしんろん》』は、思弁《しべん》的な、非常に観念論的な哲学だよね。十段階の悟《さと》りの世界を構築するなんて、これは観念論哲学そのものである。

「そういうものを生んだ」というところを見ていただき、「その〝産婆役《さんば》〟をやったのが恵果であった」というところから理解していただければ、幸いかと思う。

恵果の代で、中国の仏教は、事実上、最後を迎《むか》えることになっていき、仏教の本流は日本に移っていった。

「仏教の世界化」がさらに進んで、仏教が日本の地に移り、「平安仏教」へとなっていくわけだけれども、その意味では、「世界史のなかにおける一つの流れにはなっているのかな」と思うので、許したもれ。

そして、恵果そのものは、私と同じような霊能者《れいのうしゃ》であったので、空海が来ることを待っていたのである。

恵果は「仏教的表れ」として出てはいるので、「西洋の哲学」の流れから見れば、西洋哲学を研究する人から見れば、〝異常〟な感覚に打たれるのではあろうと思うけれども、「（転生に関する）判定として間違ってはいない」ということは言っておきたいと思います。

A――　ありがとうございます。恵果様は、並み居《い》るお弟子さんたちを退《しりぞ》けて……。

ソクラテス　そう。そう。

A――　空海に法灯《ほうとう》を継承《けいしょう》されましたが、そういう姿勢のなかに……。

ソクラテス　「霊能者」対「霊能者」であったので、「恵果は空海のなかに『プラトン的なるもの』を見た」ということだね。

Ａ――　ありがとうございます。

「よく死ぬこと」を考えれば、「よく生きること」につながる

ソクラテス　まあ、頑張《がんば》りたまえ。

Ａ――　はい。本日は、本当に……。

ソクラテス　本日は、まあ、「ソクラテスの不幸論」を滔々《とうとう》と語った。

Ａ――　（笑）いや、非常に大切な「幸福論」を頂いたと思っております。

ソクラテス　私は、来《きた》るべき学生たちに、「よく生きること」ではなくて、「よく死ぬこと」を説こうかと思っております。「よく生きること」は昔説いたので、今回は「よく死ぬこと」をね（会場笑）。
「よく死ぬこと」を考えれば、「よく生きること」につながる。それが哲学だ。

A――　分かりました。今後もご指導を賜《たまわ》れれば、幸いでございます。

ソクラテス　何とか力になれればと思う。

A――　はい。本日は、本当にありがとうございました。

ソクラテス　はい。

8 「ソクラテスの幸福論」の収録を終えて

「異質なもののぶつかり合い」によって、真理が明らかにされる

大川隆法　変わっていましたでしょうか。やはり、変わっていますね。

A――　はい。非常に変わっておられます。

大川隆法　ある意味では、「禅問答《ぜんもんどう》のようなものも、できないことはない」という……。

A――　なるほど。

大川隆法　これで見れば、禅宗も、できないことはないようなタイプではあったかもしれないですね。仏教のほうにも、多少、指導は何かあったかもしれません。

言論術のようなものが、やはり基本的にあるのでしょうか。それは、異質な言論を戦わせることで、真理を見いだしていこうとすることでしょうし、この考え方が、確かにディベートの源流にはなっており、西洋ではディベートを非常に重視します。

A――　なるほど。

大川隆法　本当は、裁判で検事と弁護士とがぶつかり、両側、反対側の立場から議論して、「真理とは何か」を求めていくことにも、このようなところはあるのかもしれません。

確かに、異質なものをぶつけ、異質なものの結合によってイノベーションが起きる場合もありますが、「『異質なもののぶつかり合い』によって、真理が明らかにされる面もある」ということですね。

A——　はい。なるほど。

大川隆法　そういう意味で、人間幸福学部では、いろいろなものを多角的に研究するとよいかもしれません。

A——　本当に、とても参考になりました。

「地獄霊《じごくれい》の研究」もする幸福の科学

大川隆法　今、当会は「地獄《じごく》の研究」「地獄霊《れい》の研究」もしていますしね。

A――　はい（笑）。

大川隆法　「なぜ大家《たいか》が地獄に堕《お》ちているのか」ということも今は研究していますが、それを研究しないと、ある意味では、真理が分からないかもしれませんからね。

A――　そうでございますね。

大川隆法　ただ、幸福の科学には、普通《ふつう》の宗教とは違《ちが》って、「ただ信じなさい」というより、やはり、探究、検証する姿勢があることはあるので、一つの学問性や哲学《てつがく》性を持っているかもしれません。探究しようとしていますからね。

A――（その姿勢を）大事にしてまいりたいと思います。

大川隆法　これは、やはり、けっこう難しいことだと思います。

私は、「渡部昇一《わたなべしょういち》さんの思想に、そうとう影響《えいきょう》を受けている」と自分でも言っていますが、渡部昇一さん自身は、ダーウィンも尊敬してみたり、フロイトも尊敬したりしているわけです（注。二人とも、現在、地獄に堕ちている。『進化論―150年後の真実』『フロイトの霊言《れいげん》』〔共に幸福の科学出版刊〕参照）。

A――　確かにそうでございます。

大川隆法　彼の本のなかに、はっきり書いてあります。「ダーウィンの（『種《しゅ》の起源』の）初版本、英語のものを二千万円で買った」と言って喜んでいます。

また、「マルクスは間違っている」と彼は思っているわけですが、「マルクスの反対のものといったら、フロイトだろう」と思って、ロンドンでフロイトの本を読み、それからマーフィー（アメリカの光明思想家）に辿《たど》り着いたようです（注。渡部氏は大島淳一《おおしまじゅんいち》の名でマーフィーの著書を翻訳《ほんやく》している）。

マーフィーそのものについては検証は要《い》るかもしれませんが（注。二〇一三年一月三十日にマーフィーの霊言《れいげん》が英語にて収録された）、フロイトについては、「無意識の世界を説いたから、マルクスの反対のものだろう」と思ったらしいのです。ただ、（フロイトの）言っていることには、（マルクスの唯物《ゆいぶつ》思想と）似たようなところがあって、微妙《びみょう》な面もあります。

A――　そうですね。

大川隆法　このへんで、やはり、「宗教家」と、この世的な「思想家」、「評論家」との違いはあるのかもしれません。

「当会は、それなりに、やれる範囲《はんい》内で探究をしている」ということですね。

哲学《てつがく》は「魂《たましい》の健康学」「魂の幸福学」

大川隆法　「ソクラテスの言った霊界《れいかい》の話は、後世に文字としては伝わったが、研究者としては研究のしようがなかった」ということなのでしょう。

A――　そうでございますね。

大川隆法　結局、「ギリシャ語として教える以外に方法はなかった」ということなのでしょうね。

A――　非常に残念なことでございます。

大川隆法　あなた（B）の質問は悲しかったのかもしれませんが、「もともとそういうものだ」ということだったのですね。

（哲学《てつがく》は人をこの世的に）幸福にすることはできないのかもしれませんが、

「魂《たましい》の健康学というか、魂の幸福学にはなる」ということでしょうか。

A——　はい。

大川隆法　では、以上とします。

A——　本日は、本当にありがとうございました。

『ソクラテスの幸福論』大川隆法著作関連書籍

『黄金の法』（幸福の科学出版刊）
『幸福の科学原論①』（同右）
『悲劇としての宗教学』（同右）
『未来創造の経済学』（同右）
『ハイエク「新・隷属への道」』（同右）
『進化論―150年後の真実』（同右）
『フロイトの霊言』（同右）

※左記は書店では取り扱っておりません。最寄りの精舎・支部・拠点までお問い合わせください。

『大川隆法霊言全集 第9巻 ソクラテスの霊言／カントの霊言』

（宗教法人幸福の科学刊）

ソクラテスの幸福論《こうふくろん》

2014年8月21日　初版第1刷

著　者　　大《おお》川《かわ》隆《りゅう》法《ほう》

発行所　　幸福の科学出版株式会社
〒107-0052 東京都港区赤坂2丁目10番14号
TEL(03)5573-7700
http://www.irhpress.co.jp/

印刷・製本　株式会社 堀内印刷所

落丁・乱丁本はおとりかえいたします

ISBN978-4-86395-518-9 C0030

幸福の法
人間を幸福にする四つの原理

真っ向から、幸福の科学入門を目指した基本法。愛・知・反省・発展の「幸福の原理」について、初心者にも分かりやすく説かれる。

1,800円

心を癒す ストレス・フリーの幸福論

人間関係、病気、お金、老後の不安……。ストレスを解消し、幸福な人生を生きるための「心のスキル」が語られた一書。

1,500円

幸福へのヒント
光り輝く家庭をつくるには

家庭の幸福にかかわる具体的なテーマについて、人生の指針を明快に示した、珠玉の質疑応答集。著者、自選、自薦、自信の一書。

1,500円

大川隆法ベストセラーズ・「幸福の科学大学」が目指すもの

宗教学から観た「幸福の科学」学・入門

立宗 27 年目の未来型宗教を分析する

幸福の科学とは、どんな宗教なのか。教義や活動の特徴とは？ 他の宗教との違いとは？ 総裁自らが、宗教学の見地から「幸福の科学」を分析する。

1,500 円

仏教学から観た「幸福の科学」分析

東大名誉教授・中村元と仏教学者・渡辺照宏のパースペクティブ（視覚）から

仏教は「無霊魂説」ではない！ 仏教学の権威 中村元氏の死後 14 年目の衝撃の真実と、渡辺照宏氏の天上界からのメッセージを収録。

1,500 円

幸福の科学の基本教義とは何か

真理と信仰をめぐる幸福論

進化し続ける幸福の科学──本当の幸福とは何か。永遠の真理とは？ 信仰とは何なのか？ 総裁自らが説き明かす未来型宗教を知るためのヒント。

1,500 円

比較宗教学から観た「幸福の科学」学・入門

性のタブーと結婚・出家制度

同性婚、代理出産、クローンなど、人類の新しい課題への答えとは？ 未来志向の「正しさ」を求めて、比較宗教学の視点から、仏陀の真意を検証する。

1,500 円

幸福の科学出版

大川隆法ベストセラーズ・「幸福の科学大学」が目指すもの

「未来創造学」入門

未来国家を構築する新しい法学・政治学

政治とは、創造性・可能性の芸術である。どのような政治が行われたら、国民が幸福になるのか。政治・法律・税制のあり方を問い直す。

1,500円

経営の創造

新規事業を立ち上げるための要諦

才能の見極め方、新しい「事業の種」の探し方、圧倒的な差別化を図る方法など、深い人間学と実績に裏打ちされた「経営成功学」の具体論が語られる。

2,000円

政治哲学の原点

「自由の創設」を目指して

政治は何のためにあるのか。真の「自由」、真の「平等」とは何か――。全体主義を防ぎ、国家を繁栄に導く「新たな政治哲学」が、ここに示される。

1,500円

法哲学入門

法の根源にあるもの

ヘーゲルの偉大さ、カントの功罪、そしてマルクスの問題点――。ソクラテスからアーレントまでを検証し、法哲学のあるべき姿を探究する。

1,500円

※表示価格は本体価格(税別)です。

大川隆法ベストセラーズ・忍耐の時代を切り拓く

忍耐の法
「常識」を逆転させるために

人生のあらゆる苦難を乗り越え、夢や志を実現させる方法が、この一冊に──。混迷の現代を生きるすべての人に贈る待望の「法シリーズ」第20作!

2,000円

「正しき心の探究」の大切さ

靖国参拝批判、中・韓・米の歴史認識……。「真実の歴史観」と「神の正義」とは何かを示し、日本に立ちはだかる問題を解決する、2014年新春提言。

1,500円

自由の革命
日本の国家戦略と世界情勢のゆくえ

「集団的自衛権」は是か非か!? 混迷する国際社会と予断を許さないアジア情勢。今、日本がとるべき国家戦略を緊急提言!

1,500円

Noblesse《ノーブレス》 Oblige《オブリージ》 「高貴なる義務」を果たす、「真のエリート」を目指せ。

幸福の科学学園

中学校・高等学校（那須本校）

Happy Science Academy Junior and Senior High School

「私は、
教育が人間を創ると
信じている一人である。
若い人たちに、
夢とロマンと、精進、
勇気の大切さを伝えたい。
この国を、全世界を、
ユートピアに変えていく力を
出してもらいたいのだ。
（幸福の科学学園 創立記念碑より）」

幸福の科学学園 創立者
大川隆法

幸福の科学学園（那須本校）は、幸福の科学の教育理念のもとにつくられた、男女共学、全寮制の中学校・高等学校です。自由闊達な校風のもと、「高度な知性」と「徳育」を融合させ、社会に貢献するリーダーの養成を目指しており、2014年4月には開校四周年を迎えました。

幸福の科学学園・教育の特色

「徳ある英才」の創造

教科「宗教」で真理を学び、行事や部活動、寮を含めた学校生活全体で実修して、ノーブレス・オブリージ(高貴なる義務)を果たす「徳ある英才」を育てていきます。

天分を伸ばす「創造性教育」

教科「探究創造」で、偉人学習に力を入れると共に、日本文化や国際コミュニケーションなどの教養教育を施すことで、各自が自分の使命・理想像を発見できるよう導きます。さらに高大連携教育で、知識のみならず、知識の応用能力も磨き、企業家精神も養成します。芸術面にも力を入れます。

一人ひとりの進度に合わせた「きめ細やかな進学指導」

熱意溢れる上質の授業をベースに、一人ひとりの強みと弱みを分析して対策を立てます。強みを伸ばす「特別講習」や、弱点を分かるところまでさかのぼって克服する「補講」や「個別指導」で、第一志望に合格する進学指導を実現します。

自立心と友情を育てる「寮制」

寮は、真なる自立を促し、信じ合える仲間をつくる場です。親元を離れ、団体生活を送ることで、縦・横の関係を学び、力強い自立心と友情、社会性を養います。

幸福の科学学園の進学指導

1 英数先行型授業

受験に大切な英語と数学を特に重視。「わかる」(解法理解)まで教え、「できる」(解法応用)、「点がとれる」(スピード訓練)まで繰り返し演習しながら、高校三年間の内容を高校二年までにマスター。高校二年からの文理別科目も余裕で仕上げられる効率的学習設計です。

2 習熟度別授業

英語・数学は、中学一年から習熟度別クラス編成による授業を実施。生徒のレベルに応じてきめ細やかに指導します。各教科ごとに作成された学習計画と、合格までのロードマップに基づいて、大学受験に向けた学力強化を図ります。

3 基礎力強化の補講と個別指導

基礎レベルの強化が必要な生徒には、放課後や夕食後の時間に、英数中心の補講を実施。特に数学においては、授業の中で行われる確認テストで合格に満たない場合は、できるまで徹底した補講を行います。さらに、カフェテリアなどでの質疑対応の形で個別指導も行います。

4 特別講習

夏期・冬期の休業中には、中学一年から高校二年まで、特別講習を実施。中学生は国・数・英の三教科を中心に、高校一年からは五教科でそれぞれ実力別に分けた講座を開講し、実力養成を図ります。高校二年からは、春期講習会も実施し、大学受験に向けて、より強化します。

5 幸福の科学大学(仮称・設置認可申請中)への進学

二〇一五年四月開学予定の幸福の科学大学への進学を目指す生徒を対象に、推薦制度を設ける予定です。留学用英語や専門基礎の先取りなど、社会で役立つ学問の基礎を指導します。

授業の様子

詳しい内容、パンフレット、募集要項のお申し込みは下記まで。

仏法真理塾

サクセスNo.1

未来の菩薩を育て、仏国土ユートピアを目指す！

仏法真理塾「サクセスNo.1」とは

宗教法人幸福の科学による信仰教育の機関です。信仰教育・徳育にウエイトを置きつつ、将来、社会人として活躍するための学力養成にも力を注いでいます。

サクセスNo.1 東京本校（戸越精舎内）

「サクセスNo.1」のねらいには、「仏法真理と子どもの教育面での成長とを一体化させる」ということが根本にあるのです。

大川隆法総裁　御法話『サクセスNo.1』の精神」より

仏法真理塾「サクセスNo.1」の教育について

信仰教育が育む健全な心

御法話拝聴や祈願、経典の学習会などを通して、仏の子としての「正しい心」を学びます。

学業修行で学力を伸ばす

忍耐力や集中力、克己心を磨き、努力によって道を拓く喜びを体得します。

法友との交流で友情を築く

塾生同士の交流も活発です。お互いに信仰の価値観を共有するなかで、深い友情が育まれます。

●サクセスNo.1は全国に、本校・拠点・支部校を展開しています。

東京本校	TEL.03-5750-0747	FAX.03-5750-0737
名古屋本校	TEL.052-930-6389	FAX.052-930-6390
大阪本校	TEL.06-6271-7787	FAX.06-6271-7831
京滋本校	TEL.075-694-1777	FAX.075-661-8864
神戸本校	TEL.078-381-6227	FAX.078-381-6228
西東京本校	TEL.042-643-0722	FAX.042-643-0723
札幌本校	TEL.011-768-7734	FAX.011-768-7738
福岡本校	TEL.092-732-7200	FAX.092-732-7110
宇都宮本校	TEL.028-611-4780	FAX.028-611-4781
高松本校	TEL.087-811-2775	FAX.087-821-9177
沖縄本校	TEL.098-917-0472	FAX.098-917-0473
広島拠点	TEL.090-4913-7771	FAX.082-533-7733
岡山本校	TEL.086-207-2070	FAX.086-207-2033
北陸拠点	TEL.080-3460-3754	FAX.076-464-1341
大宮拠点	TEL.048-778-9047	FAX.048-778-9047

全国支部校のお問い合わせは、
サクセスNo.1 東京本校（TEL. 03-5750-0747）まで。
メール info@success.irh.jp

エンゼルプランV

信仰教育をベースに、知育や創造活動も行っています。

信仰に基づいて、幼児の心を豊かに育む情操教育を行っています。また、知育や創造活動を通して、ひとりひとりの子どもの個性を大切に伸ばします。お母さんたちの心の交流の場ともなっています。

TEL 03-5750-0757　FAX 03-5750-0767
メール angel-plan-v@kofuku-no-kagaku.or.jp

ネバー・マインド

不登校の子どもたちを支援するスクール。

「ネバー・マインド」とは、幸福の科学グループの不登校児支援スクールです。「信仰教育」と「学業支援」「体力増強」を柱に、合宿をはじめとするさまざまなプログラムで、再登校へのチャレンジと、進路先の受験対策指導、生活リズムの改善、心の通う仲間づくりを応援します。

TEL 03-5750-1741　FAX 03-5750-0734
メール nevermind@happy-science.org

ユー・アー・エンゼル！（あなたは天使！）運動

障害児の不安や悩みに取り組み、ご両親を励まし、勇気づける、障害児支援のボランティア運動です。学生や経験豊富なボランティアを中心に、全国各地で、障害児向けの信仰教育を行っています。保護者向けには、交流会や、医療者・特別支援教育者による勉強会、メール相談を行っています。

TEL 03-5750-1741　FAX 03-5750-0734
メール you-are-angel@happy-science.org

シニア・プラン21

生涯反省で人生を再生・新生し、希望に満ちた生涯現役人生を生きる仏法真理道場です。週1回、開催される研修には、年齢を問わず、多くの方が参加しています。現在、全国8カ所（東京、名古屋、大阪、福岡、新潟、仙台、札幌、千葉）で開校中です。

東京校 TEL 03-6384-0778　FAX 03-6384-0779
メール senior-plan@kofuku-no-kagaku.or.jp

入会のご案内

あなたも、幸福の科学に集い、ほんとうの幸福を見つけてみませんか？

幸福の科学では、大川隆法総裁が説く仏法真理をもとに、
「どうすれば幸福になれるのか、また、
他の人を幸福にできるのか」を学び、実践しています。

入会

大川隆法総裁の教えを信じ、学ぼうとする方なら、どなたでも入会できます。入会された方には、『入会版「正心法語」』が授与されます。（入会の奉納は1,000円目安です）

ネットでも**入会**できます。詳しくは、下記URLへ。
happy-science.jp/joinus

三帰《さんき》誓願《せいがん》

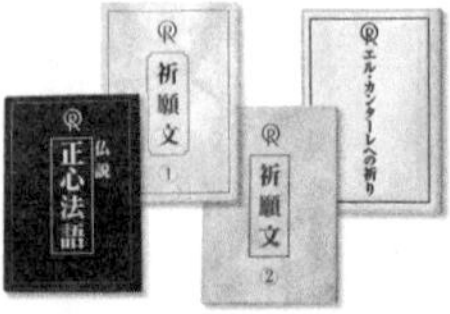

仏弟子としてさらに信仰を深めたい方は、仏・法・僧の三宝への帰依を誓う「三帰誓願式」を受けることができます。三帰誓願者には、『仏説・正心法語』『祈願文①』『祈願文②』『エル・カンターレへの祈り』が授与されます。

植福《しょくふく》の会

植福は、ユートピア建設のために、自分の富を差し出す尊い布施の行為です。布施の機会として、毎月1口1,000円からお申込みいただける、「植福の会」がございます。

「植福の会」に参加された方のうちご希望の方には、幸福の科学の小冊子（毎月1回）をお送りいたします。
詳しくは、下記の電話番号までお問い合わせください。

月刊「幸福の科学」

ザ・伝道

ヤング・ブッダ

ヘルメス・エンゼルズ